北大版长期进修汉语教程
国家汉语对外推广领导小组办公室规划教材

中级汉语阅读教程 I

第二版

周小兵　总主编
周小兵　徐霄鹰　主　编
张世涛　刘若云　徐霄鹰　编　著

北京大学出版社
PEKING UNIVERSITY PRESS

图书在版编目(CIP)数据

中级汉语阅读教程 I(第二版)/周小兵,徐霄鹰主编. —北京:北京大学出版社,2009.1
(北大版长期进修汉语教程)
ISBN 978-7-301-14778-8

Ⅰ. 中… Ⅱ. 徐… Ⅲ. 汉语－汉语阅读－对外汉语教学－教材 Ⅳ. H195.4

中国版本图书馆 CIP 数据核字(2008)第 195476 号

书　　　名：中级汉语阅读教程 I（第二版）
著作责任者：周小兵　徐霄鹰　主编
责 任 编 辑：吕幼筠
封 面 设 计：毛　淳
标 准 书 号：ISBN 978-7-301-14778-8/H·2182
出 版 发 行：北京大学出版社
地　　　址：北京市海淀区成府路 205 号　100871
网　　　址：http://www.pup.cn
电　　　话：邮购部 62752015　发行部 62750672　编辑部 62752028　出版部 62754962
电 子 邮 箱：lvyoujun99@yahoo.com.cn
印 刷 者：北京大学印刷厂
　　　　　　787 毫米×1092 毫米　16 开本　16.25 印张　416 千字
　　　　　　1999 年 2 月第 1 版　2009 年 1 月第 2 版　2011 年 6 月第 3 次印刷
定　　　价：48.00 元

未经许可,不得以任何方式复制或抄袭本书之部分或全部内容。
版权所有,侵权必究　举报电话:010－62752024
　　　　　　　　　　电子邮箱:fd@pup.pku.edu.cn

编写说明

一、教学目的与教学对象

阅读是现代社会人们获取知识的基本途径,而在第二语言的学习中,阅读训练是全面提高目的语交际技能的重要手段。

本教材的教学对象是把汉语作为第二语言来学习的外国学生或中国少数民族学生。准确地说,是在全日制学校学过一年(大约800个学时)汉语的学生或同等水平的汉语学习者。

教学目的是通过学习和训练,切实提高学生的阅读技能和水平。跟一般的中级汉语教材或精读教材不同,本教材并不特别注重语言知识的学习,而是注重言语交际技能的学习;在言语交际技能中,不是面面俱到,而是把侧重点放在阅读技能的掌握上。作为学习本教材的结果,应该是阅读技能的掌握和相应的阅读水平的提高。所谓阅读水平的提高,具体来说,就是阅读速度的加快,阅读理解率的提高。

二、教材特点

1. 以提高阅读技能为纲,兼及阅读类别来编排课文内容。阅读技能包括:猜词、句子理解、段落理解、全文大意概括、抓标志词、预测、扩大视幅、组读等等。阅读类别包括:眺读、浏览目录和题目,选定进一步阅读的内容;查读,在语料(如列车时刻表)中选取有用的信息(如某次列车的时间等);略读,抓语料的中心和大概内容;通读,全篇阅读。目的是提高学生的实际阅读能力和水平。

2. 以交际性、实用性为选材标准,注重语料题材和体裁多样化。注重当代性,语料及词语、句式、结构、文章风格等在当代交际生活中通用;注重可读性,使学生在学习中保持兴趣。语料既有一般性的文章,如通讯报道、故事、游记、幽默笑话、生活小品、科普文章、散文、论文等,又有实用性语料,如各类广告、时刻表、地图及旅游图、电话簿、指南等。目的是让学生接触并熟悉生活中可能遇到的各类语料,提高学生对这些语料,尤其是实用性语料的阅读能力。

3. 以《汉语水平词汇与汉字等级大纲》和汉语水平考试作为参照点,安排调整课文的难度,控制生词的出现与重现,设计练习的类型。练习着重测试学生的阅读水平,具体来说,就是测试学生掌握各种阅读技能的情况、阅读的速度及阅读理解率。相应地,通过本教材的学习,能大大提高汉语水平考试阅读理解部分的应试能力。

三、教材内容和教学方式

本教材一共60课,分别介绍通读、眺读、查读、略读等阅读方式,猜词、句子理解、段落理解、全文大意概括、抓标志词、预测、扩大视幅、组读等阅读技能,最后还专门介绍说明文、议论文、新闻、散文等文体的阅读技巧。

每课包括两大部分:技能和阅读训练。其中技能部分包括热身活动、技能讲解和技能练习三部分。教学时,教师可先组织同学进行热身活动,通过这一部分的操练引进技能讲解。修订后的技能讲解精简了许多,而技能练习部分的内容在数量和种类上则都有所增加。

阅读训练的语料均经过改写以适应学生的阅读水平。在进行阅读训练时,生词最好等做完练习后再学,以便在阅读时进行猜词技能的训练。练习要按照要求进行,分三种类型:(1)阅前练习,即先看练习,根据练习提出的问题看课文,边看边回答练习中的问题;(2)阅后练习,即先阅读课文,后看练习,然后回答练习中的问题;(3)阅际练习,即边看课文边做练习。

教材分Ⅰ、Ⅱ两册,Ⅰ册的阅读语料相对短一些,难度低一些;Ⅱ册的语料相对长一些,难度高一些。为了在实际教学中容易操作,每一课的内容安排长度适中,要求在两个学时学完。

目录

第一课 / 1
一、技能 （一）通读 / 1
　　　　（二）略读 / 2
　　　　（三）眺读 / 3
　　　　（四）查读 / 4
二、阅读训练　阅读1　中国古代辉煌的科学技术 / 5
　　　　　　　阅读2　印错的美元 / 6
　　　　　　　阅读3　城市电话号码 / 7
　　　　　　　阅读4　最新即期外汇牌价：外汇汇率查询 / 9

第二课 / 10
一、技能　猜词之一：偏旁分析（一）/ 10
二、阅读训练　阅读1　李约瑟拔高中国古代科学成就 / 12
　　　　　　　阅读2　旗袍 / 13
　　　　　　　阅读3　赤道雪峰——乞力马扎罗山 / 14

第三课 / 16
一、技能　猜词之一：偏旁分析（二）/ 16
二、阅读训练　阅读1　山水画和小鸟 / 18
　　　　　　　阅读2　闹房 / 19
　　　　　　　阅读3　茶叶的故乡——中国 / 21
　　　　　　　阅读4　十个让你省油的小 tips / 22

第四课 / 23
一、技能　猜词之一：偏旁分析（三）/ 23
二、阅读训练　阅读1　唯美的韩剧 / 25
　　　　　　　阅读2　姚明 / 27
　　　　　　　阅读3　悠闲就是快乐 / 28

第五课 / 30
一、技能　猜词之一：偏旁分析（四）/ 30
二、阅读训练　阅读1　特别的车牌——"HK1997" / 32
　　　　　　　阅读2　高血压患者要少说话 / 33
　　　　　　　阅读3　节约水资源和少吃牛肉 / 34

1

阅读 4　菩萨在中国 / 35

　第六课 / 37
　　一、技　能　　猜词之二：通过语素猜词（一） / 37
　　二、阅读训练　阅读 1　几则法规 / 39
　　　　　　　　 阅读 2　早期的自行车 / 40
　　　　　　　　 阅读 3　两个老师 / 41
　　　　　　　　 阅读 4　伦敦的出租汽车 / 43

　第七课 / 45
　　一、技　能　　猜词之二：通过语素猜词（二） / 45
　　二、阅读训练　阅读 1　北京首都国际机场《航班时刻表》目录 / 47
　　　　　　　　 阅读 2　《欧美作家词典》目录 / 48
　　　　　　　　 阅读 3　广州市地铁线路图 / 49
　　　　　　　　 阅读 4　一堂令人难忘的绘画课 / 50

　第八课 / 52
　　一、技　能　　猜词之二：通过语素猜词（三） / 52
　　二、阅读训练　阅读 1　《家庭日用大全》目录 / 53
　　　　　　　　 阅读 2　北京 2008 年第 29 届奥运会吉祥物——福娃 / 54
　　　　　　　　 阅读 3　《汉语 900 句》目录 / 56
　　　　　　　　 阅读 4　卡拉 OK 在意大利 / 57

　第九课 / 59
　　一、技　能　　猜词之二：通过语素猜词（四） / 59
　　二、阅读训练　阅读 1　《美国旅游便览》目录 / 61
　　　　　　　　 阅读 2　客家人 / 62
　　　　　　　　 阅读 3　《日本人》目录 / 63
　　　　　　　　 阅读 4　冒充土著人的澳大利亚白人作家 / 65

　第十课 / 67
　　一、语汇训练 / 67
　　二、阅读训练　阅读 1　广州人与饮茶 / 68
　　　　　　　　 阅读 2　不要忘了那些饥饿的中国孩子 / 69
　　　　　　　　 阅读 3　生菜会 / 71

　第十一课 / 73
　　一、技　能　　猜词之三：简称（一） / 73
　　二、阅读训练　阅读 1　美国的孩子 / 75
　　　　　　　　 阅读 2　限制中学生的发型 / 76
　　　　　　　　 阅读 3　春城昆明 / 78

阅读4　短文两篇 / 79

第十二课 / 80
一、技能　猜词之三:简称(二) / 80
二、阅读训练　阅读1　孝敬父母 / 83
　　　　　　　阅读2　短文两篇 / 84
　　　　　　　阅读3　征婚启事 / 85

第十三课 / 87
一、技能　猜词之四:词语互释(一) / 87
二、阅读训练　阅读1　中国服装与世界先进水平的差距 / 89
　　　　　　　阅读2　北京的饮食 / 90
　　　　　　　阅读3　你是穷人还是富人? / 91
　　　　　　　阅读4　地震后的世界杯 / 92
　　　　　　　阅读5　最新火车时刻表 / 94

第十四课 / 95
一、技能　猜词之四:词语互释(二) / 95
二、阅读训练　阅读1　《清明上河图》/ 97
　　　　　　　阅读2　九寨沟的魅力 / 98
　　　　　　　阅读3　最新汽车价格表 / 100

第十五课 / 102
一、技能　猜词之四:词语互释(三) / 102
二、阅读训练　阅读1　云南过桥米线 / 104
　　　　　　　阅读2　沉鱼落雁,闭月羞花 / 105
　　　　　　　阅读3　中国人口数量 / 107
　　　　　　　阅读4　神七真神奇 / 108

第十六课 / 110
一、技能　猜词之五:通过上下文推测生词(一) / 110
二、阅读训练　阅读1　可食餐具 / 112
　　　　　　　阅读2　扇子语 / 113
　　　　　　　阅读3　饮食应少肉多鱼 / 114
　　　　　　　阅读4　比尔先生 / 115
　　　　　　　阅读5　囚爱 / 116

第十七课 / 119
一、技能　猜词之五:通过上下文推测生词(二) / 119
二、阅读训练　阅读1　北京2008年残奥会会徽 / 120
　　　　　　　阅读2　"购物天堂"香港 / 121

　　　　　　阅读3　京剧的来源 / 122
　　　　　　阅读4　送书的故事 / 124
　　　　　　阅读5　麻婆豆腐的传说 / 125

第十八课 / 128
　一、技能　猜词之五：通过上下文推测生词（三） / 128
　二、阅读训练　阅读1　长沙东站客运班车时刻表 / 130
　　　　　　阅读2　钓鱼的最佳时间 / 131
　　　　　　阅读3　"退稿"的启示 / 132
　　　　　　阅读4　也说禁烟 / 133

第十九课 / 135
　一、技能　猜词之五：通过上下文推测生词（四） / 135
　二、阅读训练　阅读1　房屋租售广告 / 137
　　　　　　阅读2　汉语学校学生们的自我介绍 / 139
　　　　　　阅读3　勤用脑，防衰老 / 140
　　　　　　阅读4　最不能等待的事 / 141

第二十课 / 142
　一、猜词练习 / 142
　二、阅读训练　阅读1　代做小偷 / 143
　　　　　　阅读2　音乐并非全都有益 / 144
　　　　　　阅读3　散步 / 145
　　　　　　阅读4　我们究竟可以有多坚强 / 147

第二十一课 / 150
　一、技能　句子理解之一：压缩句子（一） / 150
　二、阅读训练　阅读1　十二星座最怕失去的东西 / 152
　　　　　　阅读2　能用汽车搬运的直升飞机 / 153
　　　　　　阅读3　温馨的老妇 / 154
　　　　　　阅读4　奇妙的生物共存——鱼类的圣殿 / 156
　　　　　　阅读5　小城魅力 / 158

第二十二课 / 160
　一、技能　句子理解之一：压缩句子（二） / 160
　二、阅读训练　阅读1　食物营养之最 / 162
　　　　　　阅读2　化纤的危害 / 163
　　　　　　阅读3　生活方式引起都市病 / 164
　　　　　　阅读4　第一个吃西红柿的人 / 165
　　　　　　阅读5　李时珍著《本草纲目》 / 167

目录

第二十三课 / 169
- 一、技能　句子理解之二:抽取主干(一) / 169
- 二、阅读训练　阅读1　《读者》2008年第12期目录 / 171
　　　　　　　阅读2　广州精英人力资源服务有限公司招聘广告 / 173
　　　　　　　阅读3　水上之国 / 174
　　　　　　　阅读4　长城的另一个作用 / 175
　　　　　　　阅读5　宴请朋友的方法 / 176

第二十四课 / 178
- 一、技能　句子理解之二:抽取主干(二) / 178
- 二、阅读训练　阅读1　中国十大最美丽的乡镇 / 179
　　　　　　　阅读2　海鸟是怎样发现食物的 / 181
　　　　　　　阅读3　第七营养素 / 182
　　　　　　　阅读4　美国首位黑人总统奥巴马的童年 / 183
　　　　　　　阅读5　请热爱你的工作 / 185

第二十五课 / 187
- 一、技能　句子理解之二:抽取主干(三) / 187
- 二、阅读训练　阅读1　外国人申请中国永久居留权的手续 / 188
　　　　　　　阅读2　轻轨 / 189
　　　　　　　阅读3　名人名言 / 191
　　　　　　　阅读4　《家庭》杂志谈心栏目:读者来信及主持人的回信 / 192

第二十六课 / 195
- 一、技能　句子理解之三:抓关键词及关键标点符号 / 195
- 二、阅读训练　阅读1　神秘的圣女眼 / 196
　　　　　　　阅读2　服用维生素制剂并非有益无害 / 198
　　　　　　　阅读3　正月初二回娘家 / 199
　　　　　　　阅读4　转让婚姻介绍所 / 201

第二十七课 / 204
- 一、技能　句子理解之四:抓关联词语(一) / 204
- 二、阅读训练　阅读1　iPhone / 206
　　　　　　　阅读2　代客哭笑 / 207
　　　　　　　阅读3　琳琳的帽子 / 208
　　　　　　　阅读4　中国的照相迷 / 209

第二十八课 / 211
- 一、技能　句子理解之四:抓关联词语(二) / 211
- 二、阅读训练　阅读1　四母女同生日 / 212

　　　　　　　阅读 2　冬虫夏草 / 213
　　　　　　　阅读 3　关于博客 / 214
　　　　　　　阅读 4　请母亲吃饭 / 216

第二十九课 / 219
　一、技能　句子理解之四：抓关联词语（三）/ 219
　二、阅读训练　阅读 1　花香治病 / 221
　　　　　　　阅读 2　《月球之谜》简介 / 222
　　　　　　　阅读 3　自行车王国 / 223
　　　　　　　阅读 4　集邮 / 225

第三十课 / 227
　一、单元复习 / 227
　二、阅读训练　阅读 1　海底世界 / 228
　　　　　　　阅读 2　澳洲的房车公园 / 229
　　　　　　　阅读 3　日本孩子无童年 / 230
　　　　　　　阅读 4　中山大学的蚊子 / 231

参考答案 / 234
词汇总表 / 240
修订后记 / 246

第一课

一、技 能

阅读按方式和目的可以分为四类:

(一) 通读

通读就是把文字材料读一遍,要求既能抓住文章的主要意思,又能掌握比较重要的细节;既能明确文章的结构,又能理解具体的描述;既能明白作者的观点,又能把握作者的态度。

通读在阅读中运用得最广泛,因此它是阅读训练的重点。

下面是一个很有名的故事,说的是宋朝文学家王安石严肃的写作态度。我们把它分成两部分来进行阅读,并完成阅读任务。

第一部分

一年春天,宋朝文学家王安石去南京。晚上,船到了瓜洲,这里离南京已经不太远了,江的对面就是京口。他站在船头,望着月光下的江水和远处的青山,心中更加思念南京钟山脚下的亲人。他走进船舱,拿出纸笔,写下了一首叫《泊船瓜洲》的诗:"京口瓜洲一水间,钟山只隔数重山。春风又到江南岸,明月何时照我还。"

写完后,他觉得"春风又到江南岸"的"到"字太死板,看不出春天江南的景象,缺乏诗意。

阅读任务

请写出这个故事发生的:
(1) 时间:
(2) 地点:
(3) 人物:
(4) 事件:

第二部分

想了一会儿,他又提笔把"到"改成"过","过"比"到"要生动一些,但后来他又觉得"过"也不好,于是就把"过"划掉,换成了"入"字。春风已入江南,游子何时还乡,他感到"入"字似乎能表达他的感情。他反复吟诵着这首诗,还觉得不太满意,因为"入"字还是看不到江南春天的景象。考虑了一阵之后,他又把"入"字换成了"满"字。吟诵之后,又觉得"满"字缺乏色彩,太一般,于是又把"满"字圈掉。这样改来改去,总是没有找到合适的字,他有些头疼,就放下笔走出了船舱。

在船头,春天的江风轻轻地吹来,眼前出现了图画般的春天景象:小草青青,大地一片翠绿。"对了,就是它!"王安石高兴地叫了起来。"我现在的心情和春天的景象不正好可以用一个'绿'字表达出来吗?"想到这里,他赶紧跑进船舱,另外拿出一张纸,把这首诗又抄了一遍。为了突出这个得来不易的"绿"字,他特地把这个"绿"字写得很大,显得十分醒目。

就这样,一个"绿"字使全诗都活了。后来,人们在谈到修改文章时,常常引用王安石的这个例子。

阅读任务

(1) 请把王安石修改"到"的过程写出来:
(到)→(　　)→(　　)→(　　)→(　　)

(2) 这个故事说明了什么?

任务完成了吗?刚才我们对这篇文章进行了一次通读。

(二) 略读

生活中许多材料只要略读就行了。略读就是把文章粗略地读一遍,要求看懂文章的中心意思、大概内容。有一个成语叫"一目十行",可以用于略读。

即使很有价值的东西,往往也是先用略读的方法扫一遍,看到了价值所在,再通读或慢慢细读。略读训练时,一般要求先看文章,再看问题并回答。重点是抓文章的主要内容,细节一般都略去不管。请很快地阅读这篇短文,遇到不懂的词语不要停留:

太极拳是一种良好的健身与预防疾病的手段,它还是辅助治疗多种疾病的好方法。

　　一项医学统计表明:在同年龄的老人中,经常打太极拳的比不打太极拳的在身体状况的各方面都好得多。这是因为太极拳能有效地锻炼身体的各个器官和各种机能。练习太极拳除活动全身多个关节、肌肉群外,还要配合均匀的呼吸。另外,打太极拳还特别要求心静,注意力集中,这又对大脑活动有良好的锻炼作用。

　　太极拳的动作柔劲,因此各种年龄、体质的人都可以进行锻炼。

阅读任务

这篇短文主要讲什么?

任务很快就完成了吗?那么你刚完成了一次略读,知道了太极拳的一些好处。要想知道得更详细,就要再通读一次。

(三) 眺读

眺读主要用于翻阅书刊目录、浏览报纸题目等。目的是了解书刊报纸的大概内容,寻找可读的篇目或文章。在生活中,我们拿到一份读物时往往先看目录或浏览标题,寻找自己想看的文章在哪里,如书的第几页、报纸的第几版或某一版的某一部分等。

以下是《中国文化精华》一书的目录,我们通过浏览目录就可以知道这本书的大概内容,可以确定哪些内容可能正是我们想进一步阅读和了解的。

阅读任务

(1) 想了解篮球运动什么时候传入中国,就可以看(　　)。

(2) 想知道古时候人们怎么结婚,就可以看(　　)。

(3) 想知道长江、黄河的发源地在哪儿,就可以看(　　)。

1. 历史	2. 地理	3. 天文	4. 民族	5. 婚姻
6. 姓名	7. 皇帝	8. 法律	9. 战争	10. 教育
11. 宗教	12. 饮食	13. 园林	14. 工艺	15. 农业
16. 商业	17. 交通	18. 语言	19. 报刊	20. 文学
21. 戏曲	22. 科学	23. 体育	24. 节日	25. 书画

不到一分钟,任务就完成了吧?这就是眺读。

(四) 查读

查读就是有目的地在大量文字资料中查找有用的信息。这种文字资料一般分为两类:一类是不成文章的资料,如各类的时间表、号码簿、名单、菜单、地图、指示图等;另一类是成文的资料,如通知、告示、广告以及一般的通讯报道和文章等。

查读时,一般带着问题在有关资料中查找,抓住那些你想了解的信息,如时间、地点、价格、号码或相关的数据,其他则略过。

下面是一篇介绍电脑历史的文章,大家读一读。

阅读任务

查找:
(1) 世界上第一台电脑出现的时间_____。
(2) 欧洲第一台电脑诞生的地点_____。
(3) ENICA 电脑的重量和体积_____。

世界上第一台电脑出现于 20 世纪 40 年代。当时,美国、英国和德国的科学家们几乎同时认识到电脑的重要性并开始研究。但是,由于是第二次世界大战时期,这些研究都是秘密的。

1944 年,哈佛大学的研究人员在 IBM 公司的支持下,研制出第一台叫"MARK—I"的计算处理机器,做一次乘法运算需要 5 秒钟。1946 年,宾州大学研制成功第一台大型计算机 ENICA,它 1 秒钟可以做 300 次乘法运算。不久,欧洲第一台电子计算机 EDSAC 在英国剑桥大学诞生。1948 年,英国的曼彻斯特大学研制出 MANCHESTER MARK—I,后来发展成世界上第一部供用户使用的商用电脑。

早期的电脑笨重、庞大、耗电,而且很容易损坏。如 ENICA,它重 30 吨,占地 150 米^2,耗电量超过 150 千瓦。

在实际阅读中,这四种方法往往是交叉使用的。如先通过眺读找出体育版报道某场足球赛的文章,再用查读找出比赛结果。如果时间允许的话,也可以在眺读之后用通读的方法快读全文,了解比赛的大概情况,如比分和进球,包括进球的某些细节。

二、阅读训练

阅读 1

中国古代辉煌的科学技术

中国是世界四大文明古国之一,有几千年的悠久历史,在科学技术的发展上也创造了辉煌的成就。其中,火药、指南针、造纸术、印刷术这四大发明对整个人类的进步都产生了深远的影响。英国著名科学史研究专家李约瑟博士在他的巨著《中国科学技术史》中,用了许多例子来说明中国古代的发明对现代科学的贡献。

除了四大发明以外,重要的还有:医学、天文学、物理学、数学以及纺织、陶瓷、建筑技术等。

李约瑟先生说:"中国的科学和技术,在3~13世纪时在全世界都是最先进的,没有国家可以和它相比。"但是,13世纪以后,中国的科学技术就逐渐落后了。

(据《不列颠少儿科技小百科》)

选择正确答案

(1) 除了中国以外,世界上还有几大文明古国:
   A. 四个　　　B. 五个　　　C. 两个　　　D. 三个
(2) 四大发明不包括:
   A. 丝绸　　　B. 火药　　　C. 造纸术　　　D. 指南针
(3) 李约瑟博士是著名的:
   A. 文学家　　　B. 科学家　　　C. 科学史家　　　D. 发明家
(4) 中国古代的发明对现代的科学技术:
   A. 起了作用　　　　　　　B. 没有起作用
   C. 基本上没有什么作用　　D. 没有说
(5) 在本文中,哪一种技术没有说?
   A. 建筑　　　B. 纺织　　　C. 航海　　　D. 陶瓷
(6) "没有国家可以和它相比"的意思是:
   A. 中国没有跟别的国家比较　　　B. 别的国家不愿意跟中国比

C. 中国的水平比其他国家高　　D. 其他国家的水平比中国高

(7) 中国古代的科学技术：

　　A. 13世纪以前不太先进　　B. 3世纪以后一直是全世界最先进的

　　C. 13世纪以后在全世界最先进　　D. 13世纪以后就落后了

参考词语

1. 辉煌　　huīhuáng　　（形）　　光辉灿烂
2. 成就　　chéngjiù　　（名）　　成功、成绩
3. 火药　　huǒyào　　（名）　　炸药的一类
4. 指南针　zhǐnánzhēn　（名）　　利用磁针指示方向的一种仪器，磁针受地磁的吸引，总是指着南方
5. 天文学　tiānwénxué　（名）　　研究天体结构、形态、分布、运行和演化的学科，如有关太阳、月亮的知识等

阅读2

印错的美元

美国财政部官员对新闻界公布：他们发现有一批百元美钞印错了，票面金额至少达到460万美元。

财政部官员说，这些印错的美元的防伪线与水印的位置刚好左右颠倒了。导致这一错误的原因是一家供应印钞纸的公司把纸上的一个重要标志弄错了。

据说，还有一部分印错的百元钞票仍在社会上流通，不太清楚到底有多少。有人认为，这些钞票对收藏者来说很有价值。

（据《羊城晚报》）

判断正误

（　）(1) 美国一家印钞公司把钞票的数字印错了。

（　）(2) 不太清楚有多少印错的钞票还在流通。

（　）(3) 印错钞票的主要原因是财政部把一个重要标记弄错了。

参考词语

1. 美钞　　měichāo　　　　（名）　美国的货币，也叫美元、美金
2. 金额　　jīn'é　　　　　（名）　钱的数量
3. 防伪线　fángwěixiàn　　（名）　钱币等物品中用来防止伪造、辨别真假的一条线
4. 水印　　shuǐyìn　　　　（名）　在造纸的时候用特殊方法制成的一些图像、文字。造币者把它应用在钱币上，用它来帮助防止伪造和判断真伪，如人民币中的五角星和人物头像
5. 颠倒　　diāndǎo　　　　（动）　上下、左右、前后等的位置或方向与原来的相反。如把应该在上边的东西放在了下边，把应该在下边的东西放在了上边

阅读 3

城市电话号码

请按要求找到你需要的电话号码

(1) 你想知道银行的工作时间，第＿＿＿＿页。
(2) 你想知道什么东西可以带出国境，第＿＿＿＿页。
(3) 你想订一张飞机票，第＿＿＿＿页。
(4) 你想在餐厅订一桌酒席，第＿＿＿＿页。
(5) 你想知道有关大学的情况，第＿＿＿＿页。
(6) 你想查某外国公司电话，第＿＿＿＿页。
(7) 你想查最近有什么新书，第＿＿＿＿页。
(8) 你想知道一场电影的票价和放映时间，第＿＿＿＿页。
(9) 你的宿舍着火了，要拨火警电话，第＿＿＿＿页。

电话使用说明	1	园林局	42
邮电管理规定	3	旅社、宾馆	43
紧急电话号码	4	餐厅	56
（火警、匪警、急救中心）		医院	62
电信局查询号码	4	教育局	64
党政机关	5	大专院校	66
人民团体	12	中学	75
公安局	16	小学	82
检察院	17	托儿所	98
法院	18	幼儿园	122
海关	19	中国公司	136
税务局	20	外国公司	250
工商管理局	25	银行	273
邮局	27	商店	324
煤气公司	28	文艺团体	361
供电局	29	体育机构	368
自来水公司	30	影剧院	370
汽车公司	31	书店	373
民航	33	工厂	379
铁路	35		
码头	38		

（据《广州市电话号码簿》）

参考词语

1. 紧急　　jǐnjí　　（形）　必须立刻采取行动、不容许拖延的
2. 急救　　jíjiù　　（动）　紧急抢救
3. 查询　　cháxún　（动）　查问
4. 团体　　tuántǐ　　（名）　有共同目的、志趣的人所组成的集体

阅读 4

最新即期外汇牌价：外汇汇率查询

判断正误

（ ）（1）一百港币的折算价是 87.89 元。
（ ）（2）菲律宾的货币单位是菲律宾马克。
（ ）（3）英国的货币单位是英镑。
（ ）（4）一百加拿大元的折算价是 639.55 元。
（ ）（5）一百新西兰元的现汇买入价是 457.57 元。

单位：人民币/100 外币　日期：2008/09/10

货币名称	现汇买入价	现钞买入价	卖出价	基准价	折算价	发布时间
英镑	1203.07	1177.71	1212.73	1203.84	1203.84	15：19：56
港币	87.55	86.85	87.89	87.7	87.7	15：19：56
美元	682.82	677.35	685.56	684.06	684.06	15：19：56
瑞士法郎	604.9	592.15	609.76		606.45	15：19：56
新加坡元	476.09	466.05	479.92		477.03	15：19：56
瑞典克朗	101.34	99.2	102.15		101.48	15：19：56
丹麦克朗	129.32	126.59	130.35		129.74	15：19：56
挪威克朗	119.94	117.41	120.91		120.13	15：19：56
日元	6.3539	6.2199	6.4049	6.3853	6.3853	15：19：56
加拿大元	638.15	624.7	643.28		639.55	15：19：56
澳大利亚元	549.9	538.3	554.32		550.46	15：19：56
欧元	964.49	944.16	972.24	965.07	965.07	15：19：56
澳门元	85	84.29	85.33		85.12	15：19：56
菲律宾比索	14.53	14.22	14.65		14.59	15：19：56
泰国铢	19.68	19.27	19.84		19.75	15：19：56
新西兰元	456.85		460.52		457.57	15：19：56
韩国元		0.5927	0.6378		0.6202	15：19：56

（据 http://www.usd-cny.com）

第二课

一、技　能

猜词之一：偏旁分析（一）

一般常用的汉字只有三千多个，而且大多数汉字都可以按照几种有限的造字方法去分析，有很强的规律性。如果我们掌握了这些规律，对我们认识和理解汉字会有很大的帮助。

形声字是汉字中数量最多的字，在现代常用汉字中，它占了不到80%。所谓形声字，就是由形旁加声旁组成的字。形旁一般在左边或外边，声旁一般在右边、里边。当然也有例外。形旁表示这个字的意义，例如"氵"就表示和水有关系，"心"、"忄"就表示和心理活动有关；声旁表示这个字的读音，例如"阁"、"格"、"搁"、"胳"这几个字中的"各"就是声旁。当然，汉字经过几千年的发展，有些形旁和声旁都变得不太准确了，但它仍然可以帮助我们学习和掌握汉字，提高阅读水平。

热身活动

1. 观察下列汉字特点并在五分钟之内将具有相同特征的汉字分类，看谁做得最快

江　说　肚　柏　饿　贵　拉　急　煎　热　想　提　费　饼
背　林　语　河　汗　话　松　脚　饥　贫　扔　恨　蒸

2. 把分好类的汉字填到相应的空格里
（1）氵（三点水）——水：_____
（2）讠（言字旁）——语言：_____
（3）木（木字旁）——树木：_____
（4）月（肉月旁）——身体：_____
（5）饣（食字旁）——吃的：_____
（6）贝（贝字旁）——与钱财有关：_____
（7）扌（提手旁）——手的动作：_____
（8）心（心字底）、忄（竖心旁）——心理、感情：_____

（9）灬（四点儿）——与火有关：_____

练习

1. 写出有这个形旁的字，每个形旁写三个字

氵　　　讠　　　木　　　月　　　饣

心　　　灬　　　亻　　　贝　　　扌

2. 选择每句话所解释的词
(1) 一种做饭的方法。
　　A. 洗　　B. 煮　　C. 拌　　D. 画
(2) 老师或家长教育学生、孩子。
　　A. 仔细　B. 关心　C. 教诲　D. 积极
(3) 人从肩膀到手以上的部分。
　　A. 胳膊　B. 把手　C. 打手　D. 扛
(4) 食物坏了，发出酸臭的味道。
　　A. 尝　　B. 俊　　C. 馊　　D. 酗
(5) 给别人钱财，让他们为自己做不该做的事。
　　A. 贿赂　B. 豺狼　C. 线索　D. 买办
(6) 用手把软东西弄成一定的形状。
　　A. 汰　　B. 研　　C. 捏　　D. 调
(7) 淹没在水里。
　　A. 捕　　B. 溺　　C. 雹　　D. 炒
(8) 做燃料用的树枝、杂草等等。
　　A. 火焰　B. 柴火　C. 汽油　D. 皮革
(9) 因为自己有缺点或做错了事情而感到不安。
　　A. 残酷　B. 回避　C. 减少　D. 惭愧

3. 选出与画线部分意思接近的项
(1) 她看了以后很妒忌。
　　A. 保护　　　　　　B. 别人比自己好就不高兴
　　C. 急工　　　　　　D. 雇佣
(2) 他常常散布一些谬论。
　　A. 非常错误的说法　B. 轮胎

C. 讨论　　　　　　　　　　D. 寂寞

(3) 他在那个饭店可以<u>赊账</u>。
　　A. 在饭店里唱歌　　　　B. 暂时不付钱,以后再付
　　C. 在饭店里呆很长时间　　D. 把朋友介绍给老板认识

(4) 那个小女孩很<u>馋</u>。
　　A. 聪明　　B. 可爱　　C. 做事不认真　　D. 爱吃东西

(5) 种子在播种以前要先<u>浸泡</u>一天。
　　A. 扫帚　　B. 包扎　　C. 放在水里　　D. 侵略

(6) 他把那个花卷<u>蒸</u>了蒸。
　　A. 看了一下　　　　　　B. 用刀切碎后扔掉了
　　C. 放在有水的锅里加热　　D. 把糖水倒在上面

(7) 那片<u>白杨</u>真漂亮。
　　A. 一种鲜花儿　　　　　B. 飘扬的旗帜
　　C. 白色的建筑　　　　　D. 一种树

(8) 他发现自己的<u>肺</u>有点儿问题。
　　A. 想法　　　　　　　　B. 身体的一个部分
　　C. 卫生间的电扇　　　　D. 孩子的学习方法

(9) 他把掉在小洞里的一粒豆<u>抠</u>了出来。
　　A. 用手挖　　B. 用水冲　　C. 想办法　　D. 告诉别人拿

二、阅读训练

阅读 1

李约瑟拔高中国古代科学成就

　　李约瑟虽然在生物化学方面早有成就,37岁时便成为英国皇家学会会员,但他并未受过科学史或科学哲学的专业训练。对于李约瑟的中国科学技术史研究工作,国内外许多学者曾指出各种具体错误。

　　没能准确地定义"科学",是李约瑟的一大问题。李约瑟拔高古代中国人的成就,有时就跟这个问题有关。另外,李约瑟对中国古代文明的热爱和迷恋,也使他常常拔高中国古代的科学成就。

　　李约瑟认为中国科学技术在很长时间里都是最先进的观点,这在

很大程度上是没有根据的——事实上西方人走着另一条路！在后面没有人跟着走的情况下,中国又怎么"先进"呢？这就好比一个人向东走,一个人向南走,是向南走的人落后还是向东走的人先进？——只有两个人在同一条路上,并且向同一个方向走,才会有先进和落后之分。

（徐霄鹰编）

回答问题
(1) 李约瑟的研究工作质量怎么样？为什么？
(2) 李约瑟"拔高中国古代科学成就"是什么意思？
(3) 他这么做的几个原因分别是什么？
(4) 第一课阅读1《中国古代辉煌的科学技术》中哪一段跟本文第二段有关？
(5) 本文是赞同还是反对第一课阅读1的观点？

参考词语

1. 定义　dìngyì　（动）　对于事物的本质特征或概念的确切而简要的说明
2. 迷恋　míliàn　（动）　非常喜欢、着迷
3. 根据　gēnjù　（名）　作为依据的事物

阅读2

旗　袍

旗袍是中国传统的妇女服装,它是由满族妇女的传统服装演变而来。因为满族人被称为"旗人",所以满族人的长袍被称为"旗袍"。到了20世纪20年代,受西方服饰的影响,经过改进之后的旗袍逐渐在广大妇女中流行起来。

旗袍的样式很多：领有高领、低领、无领；袖口有长袖、短袖、无袖；开衩有高开衩、低开衩；开襟也多样；还有长旗袍、短旗袍、夹旗袍、单旗袍等。改良后的旗袍在20世纪30年代,几乎成为

中国妇女的标准服装。

全世界家喻户晓的旗袍,被称做"Chinese dress"的旗袍,实际上正是指30年代的旗袍。旗袍文化完成于30年代,那是旗袍的黄金时代。可以说到这时,中国才有了真正的、现代意义上的时装。

(张丽编)

选择正确答案
(1)"旗人"是:
    A. 打旗的人   B. 穿旗袍的人   C. 满族人   D. 汉族人
(2)"服饰"的意思跟什么差不多:
    A. 服务   B. 服装   C. 饰物   D. B和C
(3)旗袍的样式很多,表现在:
    A. 开襟和开衩有很多种   B. 领子和袖口有很多种
    C. 有长旗袍、短旗袍、夹旗袍、单旗袍等   D. 以上全部
(4)旗袍的"黄金时代"是什么意思?
    A. 那时的旗袍喜欢用金色
    B. 那时的旗袍文化成熟而有代表性
    C. 那时的旗袍最贵
    D. 那时的旗袍一直流行到现在

阅读3

赤道雪峰——乞力马扎罗山

乞力马扎罗山海拔5893米,是非洲第一高峰。它在东非大草原的赤道附近,山下白天最高气温达到59℃,可以把鸡蛋烤熟,但是山顶却终年积雪,温度常常在-30℃,山上山下温差达93℃,是著名的赤道雪峰。

这座赤道边上的雪山,虽然在公元前2世纪就由埃及地理学家画在地图上了,但是"文明"的欧洲人却不相信赤道附近有雪山。1848年,一个德国传教士见到乞力马扎罗雪山的奇景,回国后写了一篇游记,不料却引来人们的攻击,说他无中生有。直到越来越多的欧洲人在

当地人的帮助下爬上了顶峰,证明那的确是积雪后,它才被承认。

乞力马扎罗山是著名的旅游胜地,它的神奇美丽吸引着成千上万的旅游者和登山爱好者来到它的身边。现在,世界各地有很多条国际航线直飞乞力马扎罗国际机场。大山脚下还有世界著名的东非野生动物园,这也是旅游者向往的地方。

(据《广州日报》)

判断正误

( )(1)乞力马扎罗山在非洲。
( )(2)乞力马扎罗山的附近地区很热。
( )(3)乞力马扎罗山的山顶很热。
( )(4)最早发现乞力马扎罗山的是一个德国传教士。
( )(5)欧洲人最早知道乞力马扎罗山的山顶有雪。
( )(6)现在去乞力马扎罗山旅行很方便。

参考词语

1.	赤道	chìdào	(名)	环绕地球表面、距离南北两极相等的圆周线
2.	海拔	hǎibá	(名)	以平均海水面做标准的高度
3.	传教士	chuánjiàoshì	(名)	基督教会(新教和旧教)派出去传播宗教的人
4.	无中生有	wúzhōngshēngyǒu		造谣;把没有的说成有
5.	向往	xiàngwǎng	(动)	因为热爱、羡慕某种事物而希望得到或达到

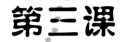

第三课

一、技　能

猜词之一：偏旁分析（二）

热身活动

1. 观察下列汉字特点并在五分钟之内将具有相同特征的汉字分类，看谁做得快

利　癌　花　喝　帜　岭　狗　烤　祭　辆　割　症　茶　叫　帽
岗　狼　炒　祈　轮　轴　神　烧　猫　峰　帕　吸　菜　疯　刮

2. 把分好类的汉字填到相应的空格里

(1) 刂（立刀旁）——与刀有关：_____

(2) 疒（病字头）——病、伤、痛：_____

(3) 艹（草花头）——花草、植物：_____

(4) 口（口字旁）——口、嘴：_____

(5) 巾（巾字旁）——纺织品、布料（比如毛巾）：_____

(6) 山（山字旁、山字头）——与山有关：_____

(7) 犭（反犬旁）——动物：_____

(8) 火（火字旁）——火：_____

(9) 礻（示字旁）——神、敬神：_____

(10) 车（车字旁）——车、转动：_____

练习

1. 写出有下列形旁的字，每个形旁写三个字

刂　　　疒　　　艹　　　口　　　巾
山　　　犭　　　火　　　礻　　　车

2. 选择每句话所解释的词

(1) 用刀自杀。
    A. 招   B. 刎   C. 稀   D. 咱
(2) 夏天常常出现的一种皮肤病。
    A. 热烈   B. 体现   C. 肤浅   D. 痱子
(3) 一种蔬菜。
    A. 茄子   B. 豹子   C. 灾难   D 珊瑚
(4) 不能说话的人。
    A. 兑换   B. 愉悦   C. 哑巴   D. 搜刮
(5) 挂起来不让观众看到舞台上的演员或工作人员在做什么的布。
    A. 台阶   B. 帷幕   C. 寒窗   D. 挂件
(6) 山路不平。
    A. 途径   B. 平坦   C. 疙瘩   D. 崎岖
(7) 一种比猴子大一点儿的动物。
    A. 猩猩   B. 喉咙   C. 物种   D. 山麓
(8) 中国北方人睡觉用的长方台,可以烧火取暖。
    A. 锤   B. 炕   C. 觉悟   D. 催眠器
(9) 跟神说话,请求神的保护。
    A. 祷告   B. 嘱咐   C. 救护   D. 崭新
(10) 古代的一种车。
    A. 鼓   B. 摆渡   C. 辇   D. 步骤

3. 选出与画线部分意思接近的项

(1) 妈妈在剁饺子馅。
    A. 买   B. 和   C. 切   D. 调
(2) 他得了痢疾。
    A. 利益   B. 丢失   C. 一种工具 D. 一种病
(3) 在南方我没见到过苜蓿。
    A. 一种电器 B. 星宿   C. 一种植物 D. 霜冻
(4) 他俩总是嘀嘀咕咕的。
    A. 比较古老 B. 瘦瘦高高 C. 很爱运动 D. 小声说话
(5) 运筹于帷幄之中,决胜于千里之外。
    A. 掌握   B. 维护   C. 锥子   D. 帐篷

(6) 中国的西南高原层峦叠嶂，郁郁葱葱。
　　A. 堡垒　　　　　B. 一重山连着一重山
　　C. 障碍　　　　　D. 空气清新，景色宜人
(7) 这个小刺猬真漂亮。
　　A. 一种动物　　B. 刺刀　　　C. 喇叭　　　D. 称谓
(8) 把衣服烘一烘。
　　A. 洗　　　　　B. 烤　　　　C. 理　　　　D. 拱
(9) 小学就在陈家的祠堂里。
　　A. 住宅　　　　B. 公司　　　C. 客厅　　　D. 祭祀祖先或某人的房屋
(10) 轱辘坏了，不能用了。
　　A. 山麓　　　　B. 麋鹿　　　C. 轮子　　　D. 瘸疾

二、阅读训练

阅读 1

山水画和小鸟

　　一天早上，山东省日照市的一位农民在家里挂了一幅山水画。画儿是他的朋友送给他的，高两米，宽三米，画的是一座山，有茂密的森林和绿油油的草地。画儿挂上以后，这位农民就坐在家里看书。忽然，他听见"嘭"的一声，抬头一看，一只绿色的小鸟正扑向墙上的山水画。由于怕鸟的声音吵醒了正在睡觉的孩子，他就把这只小鸟赶出去了。不料，四十分钟以后，一大群鸟从门外飞了进来，直向墙上的山水画飞去，"嘭嘭嘭"响成一片。他连忙去赶，但是，怎么也赶不走鸟儿，他只好叫邻居来帮忙，好容易才把这群鸟赶出了家门。

（据《广州日报》）

选择正确答案

(1) 这篇文章讲的故事是：
　　A. 严肃的　　　B. 浪漫的　　　C. 有趣的　　　D. 伤感的
(2) 文章似乎在暗示：
　　A. 画儿画得很真实　　　　　B. 小鸟很笨

C. 山东的小鸟比较多　　　　　D. 这个农民的运气不好

（3）"一大群鸟从门外飞了进来"中"一大群鸟"的意思是：

A. 一群大鸟　　　　　　　　B. 一群小鸟

C. 一群大鸟和小鸟　　　　　D. 数量较大的一群鸟

（4）农民第一次赶鸟是因为：

A. 他怕小鸟弄坏了画儿　　　B. 他怕影响小孩睡觉

C. 小鸟影响了他看书　　　　D. B 和 C

（5）从文章中我们知道：

A. 把小鸟赶出去很容易　　　B. 把小鸟赶出去很不容易

C. 小孩已经被吵醒了　　　　D. 邻居主动来帮忙

参考词语

不料　　búliào　　（动）　　没有想到，没有预先料到

阅读 2

闹　房

闹房是流行全国的结婚习俗。民间认为，新婚"不闹不发，越闹越发"，闹房可以增加新婚的喜庆气氛，又为新郎新娘驱邪避凶，并使他们婚后吉祥如意、兴旺发达。

在江浙一带，新婚夫妇在睡觉前有争压衣物抢上风的习俗。如浙江新郎会在为新娘摘下凤冠的时候，取下自己头上的礼帽压在凤冠上面，俗称"礼帽压凤冠，夫君管新娘"，表示新娘结婚之后听丈夫的。在扬州水乡，则流行"磕鞋"的风俗，两人脱鞋上床，谁后脱鞋便可把自己的鞋放在上面，表示日后为上，一般女子都会让丈夫把鞋放到上面，俗称"男鞋为天，女鞋为地"；也有好强的女子就是不脱鞋，新郎急着想上床，只好自己先脱鞋，让新娘的鞋压到上边，情愿以后做"妻管严"。

有的地方还有闹洞房偷衣服的风俗。江西南昌就是新娘和新郎上床安睡时，还有闹房的亲友躲在新床下面，等到新郎新娘睡着了，偷了

新人的衣服跑出去,然后敲打铜锣,把周围的人都惊醒。这时新郎新娘也吓醒了,可是却发现自己的衣服都不见了。

(施爱东)

1. 请看以下图片,说说什么是凤冠,什么是礼帽

2. 连线题

请将闹新房的不同风俗与流行该风俗的地方连接起来:

(1) 江西南昌　　　A. 争压衣物

(2) 江浙　　　　　B. 争压鞋子

(3) 扬州　　　　　C. 偷新人的衣服

3. 回答问题

(1) 闹洞房的目的是什么?

(2) "礼帽压凤冠,夫君管新娘"说的是什么?

(3) 扬州的新郎新娘为什么要争着后脱鞋?

(4) "妻管严"是什么样的人?

参考词语

	词语	拼音	词性	释义
1.	喜庆	xǐqìng	(形)	值得欢喜和庆贺
2.	驱邪	qūxié	(动)	赶走有邪气的鬼怪一类的东西
3.	吉祥	jíxiáng	(形)	幸运而平安
4.	兴旺	xīngwàng	(形)	发展很快,很有前途
5.	洞房	dòngfáng	(名)	新婚夫妻的卧室

阅读 3

茶叶的故乡——中国

中国是茶叶的故乡,传说在公元前2700多年中国人就发现并种植茶树,还把茶叶用于医药。公元3～4世纪,茶叶逐渐作为饮料;到公元6～7世纪,饮茶的习惯遍及全国。唐代的陆羽(782～804年)所著的《茶经》是世界上最早的有关茶叶的著作。中国种茶技术首先传入日本,日本在公元810年以前不种茶。16世纪中叶,中国的茶又传到欧洲,但当时的欧洲人只是把它当成标本来保存。直到18世纪,欧洲人才开始把茶当做饮料。茶传入俄国是公元1600年,当时只是进口茶叶当饮料,后来俄国茶叶商人从中国带回茶种,请中国茶农传授种茶技术,俄国才有了自己的茶叶。1780年制茶的方法传入印度,1893年传到斯里兰卡。今天,中国仍然是世界上最大的茶叶生产国之一。

(据湖北人民出版社《中华文化知识精华》)

判断正误

( )(1)中国人最早知道茶的种植方法。
( )(2)4000多年前,中国人就喝茶了。
( )(3)日本是中国以外最早知道种茶的国家。
( )(4)16世纪,欧洲人知道把茶当做饮料喝。
( )(5)俄国茶叶商人从中国带回茶种后,他们就开始自己种植茶叶了。
( )(6)现在世界上只有中国生产茶叶。

参考词语

1. 标本	biāoběn	(名)	保持实物原样或经过加工整理,供学习、研究时参考用的动植物、矿物等
2. 保存	bǎocún	(动)	使某种东西继续存在下去,不变化,不损坏

阅读 4

十个让你省油的小 tips

第一,计划好你的出行路线并尽量避开高峰期,以减少停车次数。加速当然会比保持一个速度更耗油,因此减少停车次数会更加省油。

第二,不要开快车,遵守限速规定。

第三,慢慢地加速。如果你突然加速,这样会比较耗油。但是,如果你缓慢地加速,就可以使汽车发动机保持比较低的速度,这样就可以省油。

第四,保持平稳的速度。汽车的恒速器可以帮你保持一个速度,可以省2%的油。

第五,尽量少用附加设备。例如冷气、暖气系统等等,这些设备都会耗油。当你进入很热的车厢时,先将车门打开,让热气散开,再开空调,这样做也可以省油。

第六,不要带没有必要的东西。多带一百磅要增加2%的油。车顶的放东西的架子还会因增加阻力而耗油。

第七,保养好你的车。及时更换脏的空气交换器,保持轮胎的合适的气压。这不仅省油,而且还可以使轮胎用得更久。

第八,停车等人时,关掉汽车发动机,这样也可以省油。

(禤文辉编译)

判断正误

(　)(1) 开车的时候开空调跟不开空调用油差不多。
(　)(2) 为了尽量利用每一升油,开车的时候尽量多载人或物。
(　)(3) 缓慢加速可以省油。
(　)(4) 以平稳的速度开车不但浪费时间而且不省油。
(　)(5) 等人的时候,为了省油,应关掉发动机。
(　)(6) 开快车耗油。
(　)(7) 汽车的轮胎气压是否适当也会影响到是否省油。

第四课

一、技　能

猜词之一：偏旁分析（三）

热身活动

1. 观察下列汉字特点并在五分钟之内将具有相同特征的汉字分类，看谁做得快

衫　眼　铁　鸡　船　雷　鲤　篮　蛇　跑　踢　蚊　筷　鲶　雾
舰　鸭　铅　睛　裤　袖　瞪　铜　鹅　艇　霜　鲫　筐　蝇　跳

2. 把分好类的汉字填到相应的空格里
(1) 衤（衣字旁）——衣物、纺织品：_____
(2) 目（目字旁）——眼睛：_____
(3) 钅（金字旁）——金属：_____
(4) 鸟（鸟字旁）——鸟类：_____
(5) 舟（舟字旁）——船：_____
(6) 雨（雨字头）——雨水、天气：_____
(7) 鱼（鱼字旁）——鱼类：_____
(8) 竹（竹字头）——竹子：_____
(9) 虫（虫字旁）——虫类：_____
(10) 足（足字旁）——脚、与脚有关的动作：_____

练习

1. 写出有这个形旁的字，每个形旁写三个字

衤　　目　　钅　　鸟　　舟
雨　　鱼　　竹　　虫　　足

2. 选择每句话所解释的词

(1) 一种小木船。

　　A. 木板　　　　B. 舢板　　　　C. 盆子　　　　B. 轮胎

(2) 竹子做的装东西的器皿。

　　A. 筐子　　　　B. 板凳　　　　C. 瓦缸　　　　D. 脸盆

(3) 一种衣服。

　　A. 毯子　　　　B. 坛子　　　　C. 钉子　　　　D. 褂子

(4) 一种体型较小的昆虫。

　　A. 昆曲　　　　B. 毒药　　　　C. 脂肪　　　　D. 蟋蟀

(5) 一种金属。

　　A. 稗子　　　　B. 锌　　　　　C. 玻璃　　　　D. 辘铲

(6) 一种小鸟。

　　A. 鹌鹑　　　　B. 糨糊　　　　C. 岛屿　　　　D. 飞跃

(7) 一种身体比较大的鱼。

　　A. 海星　　　　B. 鲑　　　　　C. 水闸　　　　D. 海鸥

(8) 短时间地看了一下。

　　A. 害羞　　　　B. 观众　　　　C. 瞥　　　　　D. 塞

(9) 常常在夏天随暴雨一起下来的小冰块。

　　A. 箭　　　　　B. 浪　　　　　C. 枣　　　　　D. 雹

(10) 抬起脚来用力踏。

　　A. 腿　　　　　B. 甩　　　　　C. 跺　　　　　D. 砸

3. 选出与画线部分意思接近的项

(1) 他踹了我一下。

　　A. 端　　　　　B. 看　　　　　C. 踢　　　　　D. 推

(2) 好大的一条黄鳝啊！

　　A. 黄鼠狼　　　B. 皮带　　　　C. 一种水生动物　D. 膳食

(3) 今天有大雾。

　　A. 接近地面的像云一样的天气现象　　B. 事件
　　C. 很重要的任务　　　　　　　　　　D. 灾难

(4) 我瞅着他走进了房间。

　　A. 跟　　　　　B. 揪　　　　　C. 带　　　　　D. 看

(5) 衣服上有跳蚤。

　　A. 一种非常小的吸血昆虫　　　　　　B. 油漆

C. 一种十分显眼的装饰　　　　　D. 污点

(6) 他拿着棉袄出去了。
　　A. 棉花　　　B. 绵羊　　　C. 肥沃　　　D. 厚衣服

(7) 这种照相机的零件是用钛做的。
　　A. 一种塑料　　B. 态度　　　C. 一种金属　　D. 淘汰

(8) 他掌舵,我摇橹。
　　A. 骆驼　　　　　　　　　　　B. 机器的开关
　　C. 船上控制航行方向的设备　　D. 接收信号的无线电设备

(9) 鸳鸯常常被用来比喻恩爱夫妻。
　　A. 盛开的鲜花　　　　　　　　B. 一种水鸟
　　C. 太阳和月亮　　　　　　　　D. 一种常青的树木

(10) 笋干焖肉很好吃。
　　A. 晒干后的竹子的嫩芽　　　　B. 干豆角
　　C. 豆腐干　　　　　　　　　　D. 芦苇的嫩芽

二、阅读训练

阅读 1

唯美的韩剧

现在许多人喜欢韩国电视剧,就在于喜欢韩剧中那种时时处处表现出来的唯美观念。

韩剧中的男主角和女主角都非常帅气和漂亮。韩剧里的男人,无论是年长的还是年轻的,个个英俊潇洒、风度翩翩,而韩剧里的女人更是一个比一个漂亮。看韩剧中的女人,不单单养眼,还可以从中学到许多穿着打扮和礼仪方面的知识。韩国女人非常注重仪表,对她们来说出门前化妆既是一种必要,也是对别人的一种尊重。

韩剧的唯美还表现在剧情上。韩剧的故事无论以怎样的情节开始和发展,最终都会安排一个比较圆满的结局。虽然这样的结果不一定符合现实,可它却能给观众带来一种感情上的安慰。其实,多数人看电视剧的目的就是为了消遣,当然也就希望满足一下自己在现实中无法实现的一些愿望。而韩剧正是顺应了广大观众这样的想法,创造出一个个完美的结局。

　　韩剧的唯美也体现在场景的布置上。韩剧大多是室内剧,所以韩剧大都是在一些高档的住宅区或豪华的宾馆、酒店内拍摄的,这些地方布置得都很精美,能给人带来一种感官上的享受,让人百看不厌。

(张丽编)

1. 回答问题

韩剧的唯美表现在哪几个方面?

2. 选择正确答案

(1) 一个唯美的人比较重视:
　　A. 好看　　　B. 真实　　　C. 有趣　　　D. 道理

(2) 第二段中"养眼"的意思是:
　　A. 保养眼睛　　　　　　B. 让眼睛休息
　　C. 看了觉得很舒服　　　D. 流眼泪

(3) 韩剧的结局大多都是:
　　A. 好的　　　B. 不好的　　C. 不知道　　D. 让人伤心的

(4) 韩剧的场景大多在哪里拍摄?
　　A. 高档的住宅区　　　　B. 豪华的宾馆、酒店
　　C. A 和 B　　　　　　　D. 不知道

参考词语

1. 唯美	wéiměi	(形)	一种艺术风格,以美丽、好看为最高标准
2. 风度翩翩	fēngdùpiānpiān		指人的举止姿态美好
3. 消遣	xiāoqiǎn	(动)	用自己感觉愉快的事情来度过空闲时间

阅读 2

姚　明

　　提起姚明,相信热爱篮球的你我,无人不知。这个中国上海的小伙子,他出色的球艺让大家都很佩服。下面就说说他的个人经历。

　　姚明,1980年9月12日出生于中国上海。他的父母都是篮球运动员:父亲姚志源身高2.08米,上海男篮队员;母亲方凤娣,身高1.88米,是20世纪70年代中国女篮的主力队员。

　　姚明从小就喜欢篮球。在他4岁生日时,得到了他的第一个篮球,他当时就非常兴奋。6岁时看美国哈里篮球队在上海表演,知道了NBA。9岁那年,姚明在上海徐汇区少年体校开始接受业余训练。他对篮球非常有天赋,而且由于从小受到家庭影响,对篮球非常热爱和执著。5年后,他进入上海青年队,17岁入选国家青年队,18岁进入国家队。

　　在18岁入选中国国家篮球队之后,姚明的表现进一步成熟。在2001年的亚洲篮球锦标赛上,帮助中国国家队夺得冠军。2000年奥运会期间,姚明表现出色,他平均每场63.9%的投篮命中率也无人能比。

　　在美国当地时间2002年6月26日,休斯敦火箭队顺利挑到了中国的中锋姚明,他成为继王治郅和巴特尔之后第三位登陆NBA的中国球员,他也成为联盟历史上第一个在首轮第一位被选中的外国球员。

选择正确答案

(1) 姚明出生于什么时候?
　　A. 1982　　B. 1983　　C. 1980　　D. 1989

(2) 姚明什么时候进入国家队?
　　A. 15岁　　B. 16岁　　C. 17岁　　D. 18岁

(3) 姚明的爸爸是:
　　A. 男篮教练　　　　　　B. 北京男篮的队员
　　C. 中国男篮的队员　　　D. 上海男篮的队员

(4) 姚明什么时候得到他的第一个篮球？
  A. 3岁生日　　B. 4岁生日　　C. 5岁生日　　D. 6岁生日
(5) 姚明是第几位进入NBA的中国球员？
  A. 第一个　　B. 第二个　　C. 第三个　　D. 第四个
(6) 以下哪个比赛本文中没有提到？
  A. 亚洲篮球锦标赛　　　　　B. 奥运会
  C. NBA联赛　　　　　　　　D. 残奥会

阅读3

悠闲就是快乐

讲求效率、准时，并希望事业成功，这好像是西方人的三大习惯。西方人之所以那么不快乐、那么忙的原因，可能就是他们太讲求这三样东西。实际上，在生活中很多事是可做可不做的，做了不会给自己多少快乐，不做也不会有什么问题。世界上谁比较聪明——悠闲者呢？还是忙碌者呢？我不赞成为了把事情做得十全十美而使自己没有时间享受生活的乐趣、享受悠闲的快乐。

比如说，美国的杂志编辑们为了保证杂志的质量，仔细地去找错别字，弄得自己很累，头发都白了。中国的编辑却聪明得多，他们总是舒舒服服地校对一遍就行了，他才不会用全部精力去找错别字。因为这些错误能增加读者发现错误的乐趣，还能提高读者细心观察的能力，编辑自己也不用那么辛苦。要是在美国，大家一定会批评这个编辑，但在中国这是没关系的，原因就是没有关系。

（据林语堂《生活的艺术》）

选择正确答案
(1) 这篇文章想要表达的主要意思是：
  A. 美国人讲求效率　　　　　B. 西方人的三大习惯是什么
  C. 西方人不快乐　　　　　　D. 人应该悠闲一些
(2) "我"主张的工作态度是：
  A. 尽量做到完美　　　　　　B. 不用做

C. 严肃认真　　　　　　　D. 过得去就行了

(3) "我"似乎在赞赏：

A. 悠闲的人　　　　　　　B. 认真的人

C. 快乐的人　　　　　　　D. 编辑

(4) "中国的编辑却聪明得多,他们总是舒舒服服地校对一遍就行了"中"校对"的意思是：

A. 对付　　　　　　　　　B. 将写错的部分找出来并改正

C. 编辑杂志　　　　　　　D. 将文章交给学校的老师去看

(5) 按本文的说法,要是杂志中有文字上的错误：

A. 在中国大家会批评编辑　　B. 在美国大家会批评编辑

C. 在中国和美国都没有关系　　D. A 和 B

参考词语

1. 悠闲	yōuxián	（形）	闲适自得,轻松自由
2. 讲求	jiǎngqiú	（动）	重视某一方面,并设法使它实现,满足要求;追求
3. 效率	xiàolǜ	（名）	在一定时间内完成的工作量
4. 十全十美	shíquán-shíměi		非常完美,没有缺点、错误
5. 享受	xiǎngshòu	（动）	物质或精神上得到满足

第五课

一、技　能

猜词之一：偏旁分析（四）

1. 观察下列汉字特点并在五分钟之内将具有相同特征的汉字分类，看谁做得快

尘　纱　氧　姐　盆　稻　超　逃　砂　亩　甸　碑　过　赶　秧
盘　嫁　氢　绳　地　基　缕　氖　娇　盒　穗　越　逛　磨　毗

2. 把分好类的汉字填到相应的空格里

（1）土（提土旁）——土壤、土地：_____
（2）纟（绞丝旁）——丝绸、纺织品：_____
（3）气（气字头）——气体：_____
（4）女（女字旁）——女性、女性的特点：_____
（5）皿（皿字底）——装东西的器具：_____
（6）禾（禾字旁）——禾苗、种在土地里的植物：_____
（7）走（走字底）——行走：_____
（8）辶（走之底）——行走、移动：_____
（9）石（石字旁）——石头：_____
（10）田（田字旁、田字底）——田地：_____

1. 写出有这个形旁的字，每个形旁写三个字

土　　　纟　　　气　　　女　　　皿
禾　　　走　　　辶　　　石　　　田

30

2. 请选择每句话所解释的词
(1) 田园中分开的小区。
    A. 惑   B. 筐   C. 畦   D. 欧
(2) 海里或江里的石头。
    A. 礁石   B. 水母   C. 海蜇   D. 噱头
(3) 走路不稳，要摔倒的样子。
    A. 歧路   B. 蟋蟀   C. 倾倒   D. 趔趄
(4) 一种化学元素，通常是气体。
    A. 酸   B. 氦   C. 碱   D. 盐
(5) 美丽。
    A. 消   B. 失   C. 妍   D. 停
(6) 一种丝绸。
    A. 仁慈   B. 缎子   C. 雕塑   D. 棉布
(7) 为保卫某些建筑或设施而来回地一边走一边查看。
    A. 巡逻   B. 来往   C. 视察   D. 保安
(8) 填埋。
    A. 把东西放到里面   B. 把东西放大一些，看得更真
    C. 把东西放进土里再用土盖起来   D. 把东西放到空的地方
(9) 北方农民种的高粱。
    A. 果实   B. 丰满   C. 收获   D. 秋
(10) 颗粒细小的灰土。
    A. 肮脏   B. 尘埃   C. 面粉   D. 灰色

3. 选出与画线部分意思接近的项
(1) 他穿着一件涤纶衬衣。
    A. 条纹   B. 抢来的
    C. 没有洗涤过的   D. 一种化学纺织品
(2) 据说氢气对人体有害。
    A. 冬天的气候   B. 一种气体   C. 发脾气   D. 娇气
(3) 我们家乡是用毛驴拉着碾子来打场的。
    A. 轮子   B. 破旧的风车
    C. 石制的圆形物体   D. 利用风力将粮食的空壳吹走的器具
(4) 张老师跳起舞来婀娜多姿。
    A. 强劲有力   B. 速度很快   C. 柔软而好看   D. 变化很多

(5) 他二话没说就赶赴事故现场了。
    A. 找到   B. 清理   C. 赶紧去   D. 干涉

(6) 他们在街头邂逅了。
    A. 远远地看到了对方   B. 走路的时候,遇到了对方
    C. 与对方说以后再见   D. 解释为什么上街

(7) 现在很难看到痰盂了。
    A. 化痰的药品   B. 让人把痰吐到里面的器皿
    C. 盆子   D. 与朋友悠闲地谈话

(8) 垦荒可是一件辛苦的事。
    A. 诚恳地表示歉意   B. 由于自然灾害而导致灾荒
    C. 沿着江河漂流   D. 开发没有使用过的土地

(9) 广州的标志就是一只嘴里衔着谷穗的山羊。
    A. 水稻的果实   B. 长在山谷里的青草
    C. 花朵   D. 小姑娘

(10) 小王不知道"平畴千里"的意思。
    A. 一望无际的大平原   B. 平坦广阔的田地
    C. 宽广的草原   D. 一泻千里的江河

二、阅读训练

阅读 1

特别的车牌——"HK1997"

在香港,"HK1997"这个车牌是非常特别的,因为1997年7月1日是香港回归祖国的日子,所以,"HK1997"这个车牌对全体中国人来说都有特殊的意义。

"HK1997"这个车牌在1984年3月第一次拍卖时的底价是25000港币,但是没有人想要。第二次拍卖时的底价降到1000港币,结果被人以2100港币买下。到1993年,有人公开表示,愿意用200万港币来买这个车牌,但被车主拒绝。现在估计这个车牌的实际价格将超过千万港币,成为香港历史上最贵的车牌。

(据《南方都市报》)

判断正误

(   )(1)"HK1997"这个车牌第一次拍卖时就很贵。

(   )(2)"HK1997"这个车牌非常特别。

(   )(3)"HK1997"这个车牌现在很贵。

(   )(4)拥有"HK1997"这个车牌的人已经决定出售车牌。

参考词语

1. 拍卖　pāimài　（动）　当众出售商品，顾客按自己的估计出价，由出价最高的顾客得到

2. 底价　dǐjià　（名）　拍卖、招标时预先定好的最低出售价格

阅读2

高血压患者要少说话

实验证明：高血压患者说话时血压就会立即上升，不少患有高血压的老人会在说话时突然发病倒下，而安静时血压就立即下降。一般的人也是这样，甚至聋哑人用手语交谈时血压也会上升。专家解释说，人说话时全身都在用力，哪怕是愉快的聊天也会引起血压上升。有趣的是，听却可以降低血压。有人做了这样一个实验：让三个人分别朗读、看着一堵墙、看鱼缸中的金鱼，并且同时对这三个人的血压进行测量。结果是：朗读的人血压最高，看鱼的人血压最低。专家告诫高血压患者：少说多听。

（据《现代家庭报》）

判断正误

(   )(1)人不说话的时候血压会下降。

(   )(2)听人说话时血压也会升高。

(   )(3)愉快的交谈不会引起血压升高。

(   )(4)人说话时全身都在用力，所以引起血压上升。

(   )(5)看着鱼的人的血压比看墙的人低。

参考词语

1. 血压	xuèyā	(名)	血管中血液对血管壁的压力
2. 患	huàn	(动)	得(病)
3. 聋哑人	lóngyǎrén	(名)	听觉和说话能力有问题的人。聋是耳朵听不见声音,哑是不能说话
4. 测量	cèliáng	(动)	用仪器确定距离、时间、温度、体积、功能等数值
5. 告诫	gàojiè	(动)	严肃地告诉别人应该怎样做

阅读 3

节约水资源和少吃牛肉

当今世界,由于人口的增长和农作物对水资源的大量需求,全世界对水资源的需求比原来增加了两倍,而气候的改变、污染的加剧又使地球上的水资源更加短缺。人类正面临严重的水危机。

遗憾的是,并不是所有的人都认识到这一点,很多国家仍然不注意节约用水。有些发达国家,只有不到50％的水用于灌溉,其余的水都白白地浪费了。现在是世界各国应该认真考虑保护和节约水资源的时候了。

美国纽约的一位水资源专家戴维先生在一份报告中说:如果你想节约水资源,那么你就应该少吃牛肉,多吃鸡肉。他经过研究后发现,生产1公斤鸡肉大概需要用3500升水,生产1公斤牛肉需要的水却高达10万升。换句话说,一个汉堡包里的牛肉需要11米^{3}的水。其实牛喝的水并不多,绝大部分的水是用于生产喂牛的饲料。在农作物中,水稻是最费水的,生产1公斤稻谷需要1900升以上的水,而生产1公斤土豆只需要500升水。他还说,一盘牛肉米饭所需的水是一盘鸡肉土豆的25倍。所以,节约水资源的一个方法是:少吃牛肉,多吃鸡肉。

(据《南方都市报》)

选择正确答案

(1) 这篇文章要表达的主要意思是：
    A. 应该少吃牛肉，多吃鸡肉   B. 要节约水资源
    C. 水稻是最费水的农作物   D. 牛喝的水比鸡多

(2) 哪个不是水危机的主要原因：
    A. 气候的改变   B. 污染
    C. 人口的增长   D. 牛喝水太多

(3) 下列哪个说法是不正确的？
    A. 生产稻谷比生产土豆费水
    B. 有些发达国家用于灌溉的水不到它水资源的一半
    C. 生产牛肉很费水
    D. 鸡肉土豆饭所需的水比牛肉米饭多

(4) 这篇文章最可能选自什么杂志？
    A.《旅行家世界》   B.《动物世界》
    C.《环境与人类》   D.《现代科技》

参考词语

1. 加剧　jiājù　（动）　加深了严重的程度
2. 短缺　duǎnquē　（形）　缺少，不够
3. 面临　miànlín　（动）　面前遇到（问题、形势、情况）等
4. 灌溉　guàngài　（动）　给农作物浇水
5. 饲料　sìliào　（名）　喂养动物的食物

阅读 4

菩萨在中国

经过北周、隋朝以后，一进入唐朝，我们立刻可以发现，北魏以来佛教绘画中的印度风格一下子变成成熟的中国式佛教艺术风格。中国的画家不再以原先流行的佛教故事画为重点，而是喜欢画美丽的菩萨。

菩萨具备和佛一样的智慧和道德，他们非常关心世界上其他的人。

中国人觉得菩萨像母亲,无论你做错了什么,他们都会原谅你。你有了困难,他们就会全心帮助你、保护你。这些菩萨都是伟大的神,他们具有无限的力量。可是,在画家的眼里,他们只是美丽的人。

菩萨在印度原来是男人的形象,有胡子,到了中国以后,中国人觉得菩萨很慈悲,像母亲,所以渐渐把菩萨从男性变为女性。唐宋以后,菩萨大多没有了胡须。

菩萨常常盘膝而坐,低头沉思,好像在安静中得到智慧。菩萨的伟大是因为他们特别安静、祥和,心中没有贪婪、野心。菩萨和普通人没有太大的区别。只要我们安静、祥和,也可以有菩萨的智慧和美丽。

(据蒋勋《中国美术史》)

判断正误

(　)(1)印度的佛教绘画一般是画美丽的菩萨。
(　)(2)中国人觉得菩萨像母亲。
(　)(3)印度的菩萨和中国的菩萨最大的不同是他们有没有胡子。
(　)(4)在中国画家眼里,菩萨是伟大的神。
(　)(5)如果我们既美丽又有智慧,我们就跟菩萨差不多了。

参考词语

1. 慈悲	cíbēi	(形)	(原为佛教用语)慈善和怜悯
2. 盘膝而坐	pánxī'érzuò		盘着腿坐
3. 祥和	xiánghé	(形)	慈祥、温和
4. 贪婪	tānlán	(形)	(贬义)不知满足,贪得无厌
5. 野心	yěxīn	(名)	对名利、领土、权力的大而非分的欲望

第六课

一、技　能

猜词之二：通过语素猜词（一）

"老师"是一个词，由"老"和"师"两个语素组成，"老"有意义，"师"也有意义。"葡萄"是一个词，也是一个语素，因为"葡"和"萄"本身没有意义，要合在一起才有意义。所以，语素就是能表示意义的最小的语言单位。

热身活动

1. 看看下面的词都有什么特点，根据特点把它们分为两大类

咖啡　道路　整齐　葡萄　美丽　生产　蝴蝶　叮当　人　山
黑暗　芳香　哗啦　垃圾　沙发　疾病　轰隆　吉他　争论　水

第一类：
第二类：

现代汉语的词分为两大类：单纯词就是由一个语素组成的词。单纯词大多是一个字，如"人"、"山"、"水"，也有两三个字的，如"沙发"、"咖啡"、"麦克风"、"蝴蝶"、"枇杷"、"垃圾"、"叮当"、"哗啦"、"轰隆"。合成词是由两个或两个以上的语素组成的词。这是我们这几课要讲的重点。

了解语素是怎么合在一起的，对我们学习汉语词汇和提高汉语的理解能力都有很大的帮助。

2. 先请看以下句子
爸爸和妈妈洗衣服洗得很干净。
　　(1)
　　　(2)
　　　　　(3)
　　　　　　(4)

(1) 爸爸和妈妈：两个词联合起来做主语；

(2) 爸爸和妈妈洗：主语和谓语（动词）；

(3) 洗衣服（动词和宾语）；

(4) 洗得很干净（动词和补语）。

汉语的合成词里两个语素组合的方式跟汉语的句子差不多，有联合式、主谓语、动宾式、动补式等。

首先，我们来看看联合式合成词——前一个语素和后一个语素地位平等，前后两个语素的意义可能是相同或相近的，词性也一样。知道其中一个语素的意义后，也就知道另外一个语素的意义了，它们的词汇意义与语素的意义也基本一致。

"道路"，"道"的意思就是"路"，"道路"的意思也就是"道"或者"路"的意思；

"盗窃"，"盗"和"窃"的意思一样，"盗窃"的意思也就是"盗"或"窃"的意思；

"美丽"，"美"的意思就是"丽"，"美丽"的意思也就是"美"或者"丽"的意思。

练习

1. 以下词语都是联合式的，请根据其中一个语素的意义猜测另一个语素和整个词的意义

跳跃	墙壁	黑暗
疾病	懒惰	芳香
产生	巨大	遥远
才智	凶恶	惧怕
清晰	虚弱	寂静

2. 以下词组哪些是联合式的

壁灯	围墙	美人
智力	才能	江河
海洋	黑板	暗室
水产		

3. 选择以上两个练习中的联合式合成词填空

(1) 在一个_____的夜里，他离开了生活了三十年的城市。

(2) 这个岛被_____包围着，岛上却没有_____，所以用水很困难。

(3) 凶恶的罪犯对他说："你快把钱给我，不然我杀了你！"可他一点儿也不_____。

(4) 我在_____里洗照片,可是他开了灯,结果照片全完了!

(5) 爷爷的身体非常_____,连说话都觉得累。

(6) 那个星星看起来很大很亮,其实离我们非常_____。

(7) 房间里没有窗子,_____上却挂着美丽的风景画。

(8) _____的学生是不可能学好汉语的。

二、阅读训练

阅读1

几则法规

根据国家语言文字工作委员会的规定:(一)报纸、杂志、图书(尤其是大中小学教材),应当严格使用规范的简化字;(二)文件、布告、通知、标语、商标、广告、招牌、路名牌、站名牌、街道胡同名牌等,要使用规范的简化字;(三)电影、电视的片名,演员、职员表和说明字幕要使用规范的简化字;(四)汉字中凡使用汉语拼音的,拼写应当准确。

《中华人民共和国烟草专卖法》第十九条:禁止在广播电台、电视台、报刊播放和刊登烟草制品广告。

《中华人民共和国妇女权益保障法》第三十八条:妇女的肖像权受到法律保护。未经本人同意,不得以营利为目的,通过广告、商标、展览橱窗、专刊、杂志等形式使用妇女肖像。

选择正确答案

(1) 街道的名牌用繁体字写是违反了国家语言文字工作委员会的哪条规定?
　　A. 第一条　　B. 第三条　　C. 第二条　　D. 第四条

(2) 画报可以用繁体字吗?
　　A. 不可以　　B. 没有规定　　C. 可以　　D. 不知道

(3) 哪种行为不违法?
　　A. 在街道上树立香烟广告　　B. 在报纸上刊登烟草广告
　　C. 在电视、电台上播放香烟广告　　D. A、B、C

(4) 如果画报的封面用了你妹妹的相片,是违法的吗?
　　A. 当然是违法的　　　　　　　B. 一定不是违法的
　　C. 只要是以营利为目的就是违法的　D. 要具体分析

参考词语

1. 规范　　guīfàn　　　（形）　标准的、符合规定的
2. 简化字　jiǎnhuàzì　（名）　经过简化的汉字
3. 肖像　　xiàoxiàng　（名）　人物的相片
4. 营利　　yínglì　　　（动）　谋求利润

阅读 2

早期的自行车

　　最早大量生产自行车的是法国巴黎的皮耶父子。当时的设计是把脚踏板装在前轮上,他们的设计在当时是最好的。不久,英国人斯塔利设计了一种前轮极大、后轮极小的自行车,速度很快,但是很危险,因为骑自行车的人高高地坐在前轮上,双脚无法着地,很容易从上面掉下来。1878年,斯塔利改进了自行车的设计,生产出安全自行车。到1885年,自行车的外形就跟今天的差不多了,它有两个大小相同的轮子,用链条来传动。第一辆安全自行车的轮子是实心的。充气轮胎是1888年由英国人邓禄普发明的,它大大改善了自行车的舒适性。

（据《不列颠少儿科技小百科》）

判断正误

(　)(1) 法国皮耶父子生产的自行车脚踏板的位置在前轮上。
(　)(2) 英国人斯塔利一开始设计的自行车就比较安全。
(　)(3) 用链条来传动的自行车出现于1885年。
(　)(4) 英国人首先发明使用充气轮胎的自行车。

参考词语

1. 脚踏板　jiǎotàbǎn　（名）　自行车上放脚用力以带动自行车转动的装置
2. 链条　　liàntiáo　　（名）　机械上传动用的链子
3. 传动　　chuándòng　（动）　传递动力
4. 实心　　shíxīn　　　（形）　内部充实,没有空间、空气
5. 充气　　chōngqì　　　　　　往里面填充空气

阅读3

两个老师

　　李老师教我们《数理方法》。这门课难学,更难讲。偏偏李老师口才不好,所以大部分的时间都在黑板上抄讲义,边抄边讲。很多同学不喜欢这种教学方式,大家就联名写信,要求系里换老师;可李老师偏偏又较真,他坚持认为可以教好。于是系里让他给没上课的学生补课。星期天我背着书包到了课堂,大教室只有李老师一个人在里面走来走去。我不好意思马上进课室,站在门口想等其他同学来了一起进去,可是半天也不见再有人来,老师还在走来走去,显得有点儿焦急。我只好硬着头皮走进去,小声地叫了一声"老师",李老师没有回答,开口就问我需要补哪个章节。

　　摸完情况,老师走上讲台,把头抬起来,目光直直地穿过教室后面白色的壁墙,落在一个可能很遥远的地方,机械地说:"同学们,现在开始上课了。"我一惊,原来李老师苦苦等待来补课的"同学们"其实只是我一个人!

　　实话说,李老师的课和以前没有任何区别,边抄边讲,一字一顿,三节课下来,连同学们的"们"字都没省略过一次,但我觉得老师的课讲得透彻极了,我完完全全被老师带进了一个充满数理概念的空间,像冰雪融入大海,很快不见了自我。直到老师说"下课",我才恍惚地站了起来。望着老师的背影,我告诉自己:"这是你毕生难忘的三节课。"

　　给我们上《线性代数》的是数学系的林老师。林老师瘦瘦高高,目

光中时时刻刻都带着笑意,那是一种很狡猾的笑。同学迟到,开始林老师只是提醒提醒,并不中断讲课。有一次他实在忍不住了,突然把黑板刷在讲台上重重地一放,咬牙切齿地盯着那几位迟到的同学,全场肃静,幸灾乐祸地等待着好戏开场。不料老师却一反怒容,眉开眼笑地环顾着我们说:"同学们,你们千万不要把我刚才讲的考试重点告诉那些迟到的同学,我们总得抓几个人不及格,对不对?"大家愣了两秒钟,异口同声地爆发出一声:"对——"其实只有我们这些准时上课的同学才知道,根本就没有考试。

(施爱东)

1. 讲故事

两个同学一组。一个同学读第一段到第三段,一个同学读第四段。读完后,互相给对方讲讲老师的故事。

2. 讨论句子和词语

(1) 老师讲课的时候,"目光直直地穿过教室后面白色的壁墙,落在一个可能很遥远的地方",老师是什么状态?

(2) 学生听课的时候,"像冰雪融入大海,很快不见了自我",学生是什么状态?

(3) 说说以下成语的意思:咬牙切齿、眉开眼笑、异口同声。

参考词语

1. 讲义	jiǎngyì	(名)	上课时老师准备的讲课的稿子
2. 较真	jiàozhēn	(形)	认真固执
3. 透彻	tòuchè	(形)	非常清楚明白
4. 恍惚	huǎnghū	(形)	不清醒
5. 毕生	bìshēng	(名)	一生
6. 幸灾乐祸	xìngzāi-lèhuò		看到别人要倒霉了,非常高兴

阅读 4

伦敦的出租汽车

英国伦敦的出租车不仅外观特别，而且还以服务周到闻名世界，曾连续获得国际出租汽车协会授予的"世界最佳出租汽车服务奖"。

在伦敦街头行驶的一万多辆出租汽车，几乎都是老式奥斯汀牌汽车，这些车看上去不够华丽，但坐起来却十分舒服，因为它比一般的车高大宽敞。这种车后排可坐四人，另外还有一把折叠椅，打开之后可以坐两人。亲朋好友五六个人外出，叫上一辆车就行了。

伦敦的出租汽车司机都受过严格的训练，他们对伦敦一万多条街道和上千个医院、旅馆、办公楼、娱乐场所的位置都十分熟悉。只要你坐上出租汽车，司机就能以最短的线路、最快的速度把你送到目的地，尽量节约你的时间和金钱。他们不仅技术好，而且也有良好的职业道德，拒载、多收费、与乘客争吵的事很少发生。乘客如果对服务不满意，可以到市警察局投诉，违反规定的司机会受到处罚，严重的将被吊销驾驶执照。

（据《国际商报》）

选择正确答案

(1) 这篇文章主要是：
　　A. 介绍伦敦出租汽车司机的技术　　B. 介绍伦敦出租汽车的外观
　　C. 介绍伦敦出租汽车的数量　　　　D. 介绍伦敦出租汽车的情况

(2) 伦敦的出租汽车：
　　A. 大部分是一个样子　　　　　　　B. 很漂亮
　　C. 都很破旧　　　　　　　　　　　D. 开得很慢

(3) 哪一项是文章没有提到的？
　　A. 伦敦出租汽车司机的技术　　　　B. 伦敦出租汽车的服务质量
　　C. 伦敦出租汽车的价格　　　　　　D. 伦敦出租汽车的数量

(4) 在伦敦，严重违反规定的司机：
　　A. 可能会被关进监狱　　　　　　　B. 可能不能再开出租汽车了
　　C. 可能会被警察抓起来　　　　　　D. 会被没收出租汽车

(5) 作者对伦敦出租汽车的态度是：
  A. 赞赏的   B. 有保留地表扬
  C. 不满的   D. 没有特别的感觉

参考词语

1. 授予   shòuyǔ   （动） 给予（勋章、奖状、学位、荣誉等）
2. 华丽   huálì   （形） 漂亮豪华
3. 折叠   zhédié   （动） 把一部分翻转和另一部分紧挨在一起
4. 投诉   tóusù   （动） 向有关部门表达自己的不满
5. 吊销   diàoxiāo   （动） 收回并注销（发出去的证明）
6. 驾驶执照   jiàshǐ zhízhào   可以合法驾驶汽车的证明

第七课

一、技　能

猜词之二：通过语素猜词（二）

热身活动

说出下列各句中的加点词各有什么特点
(1) 我们在黑暗的道路上奔跑。
(2) 为了国家的安全,他离开了心爱的妻子。
(3) 电视机的开关坏了,那出警匪片看不成了。

上一课我们学习的联合式合成词的形式是前后两个语素的意义是相同或相近的,如"黑"和"暗"、"道"和"路"、"奔"和"跑"。

这一课我们来看看另外两种联合式合成词：

1. 词的意义是两个语素中的一个的意义。

如：

妻子——不是"妻"和"子",而只是"妻"。

国家——不是"国"和"家",而只是"国"。

2. 前后两个语素的意义可能是相反的,也可能是相对的,它们的词汇意义一般包含了这两个相反、相对的语素的全部意义,也可能是这两个相反、相对的语素意义的引申或比喻。

如：

警匪——警察和匪徒。

老少——年纪大的人和年纪小的人。

山河——山和河,指国家或某一地方的土地。

开关——开和关,指开关电器的装置。

练习

1. 以下词语都是联合式,请根据其中一个语素的意义猜测另一个语素的意义

重复　　　　　　准确　　　　　　深浅
优劣　　　　　　成败　　　　　　矛盾
是非　　　　　　始终　　　　　　来往
得失

2. 根据以下例子体会上面词语的意义,并用这些词再造句
(1) 我们在一起三年了,他始终没告诉我他以前的故事。
(2) 明明是我对,老师却批评我,真是是非不分啊。
(3) 亚莉才20岁,又是刚进公司,有时说话做事就不知道深浅。
(4) 书上第13页说这个词能带宾语,第45页又说不能带宾语,这不是矛盾吗?
(5) 我们五年前认识,前几年一直有来往,不过这两年不联系了。

3. 分组讨论和体会以下词和词组的意思
(1) 手足:手足情深
(2) 面目:面目可憎
(3) 口舌:口舌之争
(4) 骨肉:骨肉相连
(5) 心肝:心肝宝贝
(6) 眉眼:眉来眼去

4. 在上下两行中各取一个语素组成联合式合成词,看看是哪一类的

质　　保　　记　　种　　干　　喜　　选　　逃

录　　净　　择　　护　　类　　跑　　量　　爱

二、阅读训练

阅读 1

北京首都国际机场《航班时刻表》目录

回答下列问题可以在哪儿找到

(1) 想知道朋友到达北京机场的时间,可以看第____页。
(2) 想了解本国大使馆的有关情况,可以看第____页。
(3) 旅客要看病,可以看第____页。
(4) 想了解上海航空公司的有关情况,可以看第____页。
(5) 想看看下个月5号是星期几,可以看第____页。
(6) 想了解从北京去桂林的飞机票的价格,可以看第____页。
(7) 想查广州的电话区号,可以看第____页。

使用说明	2	北京市医疗机构	44
出发航班时刻表	3	外国政府、国际组织驻北京机构	45
到达航班时刻表	15		
中国民航售票服务处	28	外国公司驻北京办事处	48
国内航空公司驻北京办事处	29	中国邮政编码、直拨电话区号表	56
外国航空公司驻北京办事处	32		
旅客须知	34	中国民航票价表	70
安全通告	37	日历	80
北京市宾馆、饭店	39		

参考词语

1. 航班　　hángbān　　(名)　　飞机或轮船航行的班次

2. 民航　　mínháng　（名）　民用航空
3. 机构　　jīgòu　　（名）　机关、团体等的内部组织

阅读 2

《欧美作家词典》目录

1. 英国	1～107 页	13. 瑞典	475～479 页
2. 法国	107～200 页	14. 奥地利	479～493 页
3. 德国	200～271 页	15. 瑞士	493～500 页
4. 俄国、苏联	271～385 页	16. 比利时	500～505 页
5. 希腊	385～403 页	17. 波兰	505～520 页
6. 古罗马	403～408 页	18. 捷克、斯洛伐克	520～531 页
7. 意大利	408～435 页	19. 匈牙利	531～542 页
8. 西班牙	435～451 页	20. 南斯拉夫	542～548 页
9. 葡萄牙	451～457 页	21. 罗马尼亚	548～558 页
10. 冰岛	457～460 页	22. 保加利亚	558～573 页
11. 丹麦	460～467 页	23. 阿尔巴尼亚	573～576 页
12. 挪威	467～475 页	24. 美国	576～638 页

（据陕西人民出版社《欧美作家词典》）

指出在该书的第几页可以找到你想了解的作家的资料
(1) 德国作家歌德，第_____页。
(2) 英国作家莎士比亚，第_____页。
(3) 奥地利作家卡夫卡，第_____页。
(4) 挪威作家易卜生，第_____页。
(5) 法国作家雨果，第_____页。
(6) 希腊作家荷马，第_____页。
(7) 俄国作家列夫·托尔斯泰，第_____页。
(8) 美国作家海明威，第_____页。
(9) 意大利作家但丁，第_____页。

阅读 3

广州市地铁线路图

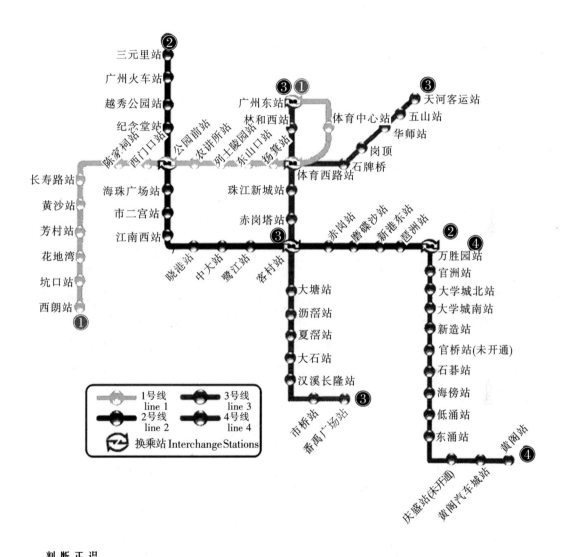

判断正误

( )(1) 广州地铁一号线的站比二号线多。
( )(2) 从公园前到中山大学最快要走六站。
( )(3) 从珠江新城到大学城北要换乘二号线。
( )(4) 从天河客运站到大石站要经过鹭江站。
( )(5) 从公园前到西朗要走七站。

阅读 4

一堂令人难忘的绘画课

以前,我是一个又自卑又内向的人。在班里,我总是独来独往,不敢面对同学,因为我怕他们笑我笨、说我丑——我真的是一个又丑又笨的人,我害怕接触到别人的眼光。

那是新学期的第一堂美术课。新来的老师想试试我们的绘画水平,便叫班里的五位组长到黑板上去画画。女孩子都是比较害羞的,刚好五位组长又都是女生——其中包括我。开始,尽管老师请了几次,就是没人敢上去。老师又一次叫我了。我紧张得全身发抖,脑袋一片空白。老师又叫了我一次。"上去吧。"周围的同学小声对我说。我分明看到了他们充满鼓励和支持的眼光。我一咬牙,竟然站起来,走向黑板。老师愣了一下,随即激动地说:"让我们为这位组长的勇气鼓掌。"于是我耳边响起了热烈的掌声。我被这突然的掌声惊呆了,愣愣地站在讲台上,不知所措——没有人会为我鼓掌的,我一定是在梦里,我想。直到我确信我是真真切切地听到了掌声,一行热泪顺着我的脸颊悄悄流下来,是咸的却又是甜的。幸好,我面向着黑板,背对着同学们……我突然觉得,同学们并不是我想象的那样讨厌我、看不起我,我一直不敢面对同学,其实是不敢面对自己、认清自己。

从那以后,我似乎变成了另外一个人,变得活泼开朗了许多。我的成绩也从十几名升到了前五名。当然,这一切都要感谢我的同学和老师,是他们给我勇气,让我抬起头,重新面对自己。我从心里说一声:谢谢你们!

(据《羊城晚报》)

选择正确答案

(1) 第一段里的"独来独往"是什么意思?
    A. 独自跟人来往   B. 单独一个人做事
    C. 单独去旅游   D. 独自一个人来上课

(2) 根据文章,"我"为什么怕接触别人的眼光?
    A. "我"是班里最笨的   B. "我"是班里最丑的

C. "我"觉得自己又笨又丑　　　　　D. "我"害怕别人笑话自己独来独往

(3) 下面哪句话是真的？

　　A. 班里有五个组长，都是女的，都不害羞

　　B. 班里有五位组长，有男有女，都害羞

　　C. 班里有五个组长，都是男的，都不害羞

　　D. 班里有五个组长，都是女的，都挺害羞

(4) "我"为什么站起来走向黑板？

　　A. "我"看见同学们支持的眼光　　B. "我"根本不害羞

　　C. "我"一点儿也不紧张　　　　　D. "我"喜欢在黑板上绘画

(5) 文章最后一段"开朗"的反义词是什么？

　　A. 关闭　　　　　　　　　　　　B. 关心

　　C. 外向　　　　　　　　　　　　D. 内向

(6) 最后一段说："我似乎变成了另外一个人……""我"为什么会变？

　　A. "我"上讲台了　　　　　　　　B. 师生给了我勇气

　　C. "我"的成绩好了　　　　　　　D. 文章没有说

参考词语

1. 绘画　　huìhuà　　（动）　　画画儿
2. 自卑　　zìbēi　　　（形）　　觉得自己比不上别人
3. 害羞　　hàixiū　　（形）　　因为胆小、害怕做错事而心里不安，容易脸红
4. 开朗　　kāilǎng　　（形）　　（性格等）乐观，外向

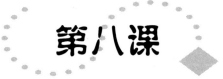

一、技　能

猜词之二：通过语素猜词(三)

热身活动

说说下列句子中的加点词是什么意思，分析一下它们的特点
(1) 晚会上，大家唱歌、跳舞、鼓掌，热闹极了。
(2) 大卫的数学成绩最近有了很大的提高，错误率在不断地降低，这说明他已经改正了自己粗心大意的缺点。
(3) 玛丽很年轻，但最近总觉得头昏脑涨，没有力气。

跟句子的结构一样，合成词也有：

1. 主谓式

如：

年轻——年纪(主语)轻(谓语)

头昏——头(主语)昏乱(谓语)

2. 动宾式

如：

跳舞——跳(动词)舞蹈(宾语)

唱歌——唱(动词)歌曲(宾语)

3. 动补式

如：

改正——改(动词)，结果是"正确"(补语)

说明——说(动词)，结果是"明白"(补语)

练习

1. 将下列动宾合成词和动补合成词区分开来并说明理由

改进	打的	看穿	逃学	说服	战胜	认清
罚款	扩大	报名	抓紧	加强	办事	提高
洗澡	搅乱	跑步	指明	回信	打倒	性急

2. 在括号里的三个字中选择一个组成一个新的主谓式或动补式合成词

拆(散、墙、房)　　　　　　打(球、鱼、乱)

放(假、声、松)　　　　　　收(拢、钱、拾)

心(疼、声、脏)　　　　　　年(龄、岁、轻)

海(洋、水、啸)　　　　　　雷(电、鸣、雨)

3. 讨论并体会下列主谓式/动宾式合成词的意义

头疼	头晕	眼红
眼花	口吃	面熟
骨折	肉麻	心动
动心	心酸	伤心

二、阅读训练

阅读 1

《家庭日用大全》目录

指出在哪一部分可以找到你需要的内容

(1) 你养的小狗病了,你会看第____部分。

(2) 你想去杭州旅行,你会看第____部分。

(3) 你的电视机有点儿问题,你会看第____部分。

(4) 你想做一个四川菜,你会看第____部分。

(5) 你有点儿不舒服,你会看第____部分。

(6) 你种的花老长不好,你会看第____部分。

(7) 你想学习照相,你会看第____部分。

(8) 有一件衣服你不知道能不能用水洗,你会看第____部分。

(9) 你想给孩子做一件衣服,你会看第____部分。

1. 家庭道德与礼貌	8. 织毛衣	15. 宠物饲养
2. 家庭幼儿教育	9. 烹调	16. 钓鱼
3. 家庭法律顾问	10. 家具制作	17. 照相
4. 家用电器常识	11. 房间布置	18. 医药常识
5. 日用品常识	12. 国内旅游	19. 运动与健身
6. 纺织品常识	13. 国外旅游	20. 生活小知识
7. 服装制作	14. 植物种植	

(据上海文化出版社《家庭日用大全》)

参考词语

1.	道德	dàodé	(名)	人们共同生活及其行为的准则和规范
2.	烹调	pēngtiáo	(动)	做饭、做菜
3.	宠物	chǒngwù	(名)	人们在家里饲养的受人喜爱的小动物
4.	饲养	sìyǎng	(动)	喂养(动物)

阅读 2

北京2008年第29届奥运会吉祥物——福娃

福娃是北京2008年第29届奥运会吉祥物,它们的色彩与灵感来源于奥林匹克五环,来源于中国的山川大地、江河湖海和人们喜爱的动物形象。福娃向世界各地的孩子们传递友谊、和平、积极进取的精神和人与自然和谐相处的美好愿望。

福娃是五个可爱的亲密小伙伴,他们的造型融入了鱼、大熊猫、藏羚羊、燕子以及奥林匹克圣火的形象。每个娃娃都有一个名字,分别是：贝贝、晶晶、欢欢、迎迎、妮妮。当把五个名字连在一起时，你会读出北京对全世界的邀请："北京欢迎你。"

贝贝的头部是鱼和水的图案，在中国文化中，这是繁荣与收获的象征。鱼还有"年年有余"的意思。贝贝代表奥林匹克五环中蓝色的一环。晶晶是一只大熊猫，无论走到哪里都会带给人们欢乐。作为中国国宝，大熊猫受到世界人民的喜爱。晶晶来自森林，象征着人与自然的和谐。它可爱乐观，充满力量，代表奥林匹克五环中黑色的一环。欢欢是福娃中的大哥哥，他是一个火娃娃，象征着奥林匹克圣火，代表奥林匹克五环中红色的一环。迎迎是青藏高原特有的保护动物藏羚羊，它来自中国的西北大地，将健康的美好祝福传向世界，代表奥林匹克五环中黄色的一环。妮妮来自天空，是一只燕子。燕还代表"燕京"（指古代北京）。妮妮把春天和喜悦带给人们，代表奥林匹克五环中绿色的一环。

（张丽 编）

1. 根据课文内容填空
(1) 北京 2008 年第 29 届奥运会的吉祥物是_____。
(2) 福娃的造型融入了_____、_____、_____、_____、_____的形象。
(3) 五个福娃的名字分别是_____、_____、_____、_____、_____。
(4) 北京在古代叫_____。

2. 判断正误
（　）(1) 贝贝是一只鱼。
（　）(2) 晶晶代表奥林匹克五环中绿色的一环。

(　)（3）迎迎是福娃中的大哥哥。

(　)（4）欢欢象征着奥林匹克圣火。

阅读 3

《汉语900句》目录

指出在哪儿可以找到你想学的内容

（1）住宾馆,可以看第____页。

（2）去餐厅吃饭,可以看第____页。

（3）谈论足球比赛,可以看第____页。

（4）在海关,可以看第____页。

（5）去寄信,可以看第____页。

（6）丢了东西,可以看第____页。

（7）马上要离开中国了,可以看第____页。

（8）去换钱,可以看第____页。

（9）在城市里迷路了,可以看第____页。

（10）在商店,可以看第____页。

日常用语	1	看病	245
在中国大使馆办签证	84	理发和洗衣服	267
入境	94	在照相馆	281
住旅馆	113	寻找失物	288
买东西	125	交通游览	298
问路和乘车	168	文化体育娱乐活动	317
打电话	191	参观	343
上银行	205	旅行	360
在邮电局	215	告别	388
用餐	230	练习答案	408

（据《汉语900句》）

参考词语

1. 迷路　　mílù　　　　　　不知道自己在哪里，找不到自己的目的地
2. 入境　　rùjìng　　（动）　进入国境
3. 失物　　shīwù　　（名）　丢失的东西

阅读 4

卡拉 OK 在意大利

卡拉 OK 刚传到意大利时，并没有引起人们的注意，在商业上也没有获得什么利益。一些娱乐场所安装卡拉 OK 只是为吸引顾客，不用付钱也能唱，但是唱的人也不多。可是，意大利一家电视台举办的卡拉 OK 现场大赛却意外地获得成功，深受年轻人的喜爱。这个节目每个星期六播出，地点在意大利的各个城市。参加比赛的人分成两队，大赛还常常邀请一些有名的人参加，由观众直接选出优胜者。

这个节目的主持人是个年轻英俊的小伙子，能歌善舞，还梳着一根小辫子。他几年以前是一个餐厅的服务员，可是现在他已经成了无数少女崇拜的偶像。

（据《南方都市报》）

判断正误

（　）(1) 这篇文章写的是关于卡拉 OK 在意大利的情况。
（　）(2) 举办卡拉 OK 现场大赛获得成功的是一家餐厅。
（　）(3) 喜欢参加卡拉 OK 比赛的是年轻人。
（　）(4) 卡拉 OK 比赛播出的时间是星期天。
（　）(5) 评选优胜者的人是有名的人。
（　）(6) 这个节目的主持人以前是餐厅的服务员。
（　）(7) 特别喜欢这个节目主持人的是年轻英俊的小伙子。

参考词语

1. 英俊　　yīngjùn　　（形）　漂亮（常指男性）
2. 梳　　　shū　　　　（动）　整理头发或动物的毛发
3. 辫子　　biànzi　　　（名）　编起来的一束头发
4. 崇拜　　chóngbài　　（动）　非常喜爱、敬佩
5. 偶像　　ǒuxiàng　　（名）　非常喜爱、敬佩的对象

第九课

一、技　能

猜词之二：通过语素猜词（四）

热身活动

1. 说说下列句子中加点词是什么意思，并分析一下它们的特点
（1）小明是一个热爱祖国的人，他家的书架上、餐桌上，甚至电灯上都插着国旗。
（2）外面冷极了，寒风吹得他不停地流鼻涕，他不得不摘下手套，拿出纸巾擦鼻涕。

2. 请看以下句子
漂亮的姐姐高兴地唱好听的歌。
　　　（1）
　　　　　　　　（2）
　　　　　　　　　　　　　（3）
（1）漂亮的姐姐：定语和主语；
（2）高兴地唱：状语和谓语；
（3）好听的歌：定语和宾语。

这个句子简单地说就是：姐姐唱歌。主语、谓语和宾语是主要的成分，定语和状语是次要的成分。

偏正式合成词的前一个语素就好像是句子中的定语或状语，起修饰作用；而后一个语素就好像是句子中的主语、谓语或宾语。后一个语素的意义是主要的，是正；前一个是次要的，是偏。如：
书架——放书的架子。
热爱——热烈地爱。
寒风——寒冷的风。

59

练习

1. 体会并说出下列偏正式合成词的意思

象牙	白云	手球	眼镜	市郊
短裤	旅客	高级	布鞋	壁画
尖刀	苦等	热恋	答卷	灯塔
会场	深信	毛笔	长发	痛恨

2. 用所给的语素组三个新的偏正式合成词

(1) 木 (2) 书
(3) 牛 (4) 门
(5) 车 (6) 纸
(7) 红 (8) 低
(9) 家 (10) 山
(11) 花 (12) 海

3. 讨论并体会以下词语的意义

(1) 眼镜

(2) 唇膏/口红

(3) 眼影

(4) 耳环/耳钉/耳坠

(5) 项链/项圈

(6) 手镯/手链

(7) 脚链

(8) 腰带

(9) 手套

二、阅读训练

阅读 1

《美国旅游便览》目录

指出在哪一部分可以找到以下需要的内容
(1) 看病,第_____部分,第_____项。
(2) 上大学,第_____部分,第_____项。
(3) 参加酒会,第_____部分,第_____项。
(4) 换钱,第_____部分,第_____项。
(5) 买飞机票,第_____部分,第_____项。
(6) 看电影,第_____部分,第_____项。
(7) 逛商店,第_____部分,第_____项。
(8) 黑人和白人的关系,第_____部分,第_____项。
(9) 上餐厅,第_____部分,第_____项。

第一部　美国概况——人文与风俗

1. 最初观感　　　　　　　2. 风俗随文化而异
3. 文化差异:个人方面　　　4. 文化差异:民族方面
5. 美国的学校　　　　　　6. 社交生活的礼仪

第二部　有关美国的一些有用的资料

1. 气候与面积　　　　　　2. 在美国旅行
3. 美国货币　　　　　　　4. 找住处
5. 食物和饮食习惯　　　　6. 邮政、电话、网络
7. 健康与安全　　　　　　8. 购物
9. 娱乐活动

(据《美国旅游便览》)

参考词语

1. 概况　gàikuàng　（名）　大概的情况
2. 观感　guāngǎn　（名）　看了以后的感觉
3. 社交　shèjiāo　（名）　社会交往
4. 礼仪　lǐyí　（名）　社会活动中的礼节和仪式
5. 娱乐　yúlè　（名）　快乐而有趣的活动

阅读 2

客家人

怎么定义"客家"或"客家人"？目前主要有以下三种观点：一是正统说，强调客家人有纯正的中原血统和南迁历史；二是要素论，从共同的地域、语言、习俗和文化心理等四个民族形成的要素入手，来定义客家和客家人；三是融合说，认为客家是由几个不同的民系融合而成的。

各种观点各有其道理，但有一点是可以肯定的：客家话是客家文化的标志。客家首先是一个方言群，然后才形成其他文化特征。客家先民南迁前，是以中原汉民族的共同语——河洛雅音为交际语的，在东晋至隋唐的六百年间，他们把北方官话带到长江中下游地区，造就了江滩官话。唐末客家先民再度南下，经过三次大规模的迁徙，他们最终在福建、广东、江西交界的山区定居下来，形成一个较稳定的聚落。客家方言因适应新的社交需求而产生，客家人的群体认同意识也随之产生："宁卖祖宗田，不忘祖宗言。"因此，尽管客家人在南方各地甚至海外分布很广，但各地客家话的语言也有比较大的一致性。

（徐霄鹰）

1. 先讨论画线词语的意义然后判断正误

(1) 客家话是客家文化的标志。
(　) 母语是客家话的人就是客家人。
(2) 客家先民南迁以前/客家先民再度南下……
(　) 客家人的祖先住在中国的南方。

(3) 他们最终在福建、广东、江西交界的山区定居下来。
（ ）广东、福建和江西三个省都有客家人。
（ ）客家人住的地方往往有很多山。
(4) 尽管客家人在南方各地甚至海外分布很广，但各地客家话的语言也有比较大的一致性。
（ ）各地的客家人讲的客家话差别很大。

2. 连线题
(1) 融合说   A. 纯正的中原血统和南迁历史
(2) 要素论   B. 由不同民系融合而成
(3) 正统说   C. 共同的地域、语言、习俗和文化心理
(4) 南迁以前   D. 客家方言
(5) 东晋至隋唐   E. 江滩官话
(6) 唐以后   F. 河洛雅音

参考词语

1. 要素	yàosù	（名）	重要的方面
2. 融合	rónghé	（动）	合在一起变成一个
3. 方言	fāngyán	（名）	一种语言中跟标准语有区别的只在一个地区使用的话，如广东人讲粤方言
4. 迁徙	qiānxǐ	（动）	从一个地方搬到很远的另一个地方生活

阅读 3

《日本人》目录

指出在哪一部分能找到你需要阅读的内容

(1) 关于日本的国会，第_____部分，从第_____页起。
(2) 关于日本与外国的贸易情况，第_____部分，从第_____页起。
(3) 关于日本的佛教，第_____部分，从第_____页起。
(4) 关于日本中小学的情况，第_____部分，从第_____页起。
(5) 关于日本文化与中国文化的关系，第_____部分，从第_____页起。

（6）关于日本的农业，第_____部分，从第_____页起。

（7）关于日本战后的情况，第_____部分，从第_____页起。

序言 …………………… 1	15. 教育 …………………… 179
第一部分　自然环境	16. 企业 …………………… 192
1. 土地 …………………… 7	17. 大众文化 ……………… 211
2. 农业和自然资源 ……… 17	18. 妇女 …………………… 220
3. 孤立状态 ……………… 31	19. 宗教 …………………… 231
第二部分　历史背景	第四部分　政治制度
4. 早期的日本 …………… 41	20. 天皇 …………………… 257
5. 中央集权的封建制度 … 55	21. 国会 …………………… 271
6. 明治维新 ……………… 78	22. 政府机构 ……………… 279
7. 立宪制度 ……………… 88	23. 选举制度 ……………… 290
8. 军国主义 ……………… 98	24. 政党 …………………… 300
9. 美国占领下的改革 …… 108	第五部分　日本与外部世界
10. 战后的日本 …………… 116	25. 中华文化的影响 ……… 312
第三部分　社会情况	26. 战争的经历 …………… 325
11. 不断变化的社会 ……… 129	27. 国际贸易 ……………… 342
12. 日本人的个性 ………… 146	28. 对外部世界的依赖 …… 358
13. 等级观念 ……………… 155	29. 语言 …………………… 367
14. 集体主义 ……………… 167	30. 未来 …………………… 376

（据上海译文出版社《日本人》）

参考词语

1. 孤立　　gūlì　　　（形）　和其他事物没有关系
2. 背景　　bèijǐng　 （名）　对人物、事件起作用的历史情况和现实环境
3. 立宪　　lìxiàn　　（动）　君主国家制定宪法，实行议会制度
4. 占领　　zhànlǐng　（动）　用武装力量取得（领土、阵地）
5. 个性　　gèxìng　　（名）　在一定的条件下形成的比较固定的特性

阅读 4

冒充土著人的澳大利亚白人作家

澳大利亚一个白人作家利昂用了一个土著妇女的名字写了一本小说《我的美好时光》,受到当地文坛的一致好评,并赢得"多比文学奖",这个奖是为了特别鼓励女作家而设立的。这本小说被澳大利亚政府列入高中考试的内容。

后来大家发现了这个秘密,利昂也承认了他冒充土著居民的事实。但是当地的土著居民还是感到非常愤怒,因为不久以前已经有一个八十一岁的老妇冒充土著艺术家而被揭发。

近几年来,澳大利亚文艺界偏爱土著居民的作品,特别是土著女艺术家的作品,这就导致有人为了获得成功而冒充土著居民。

(据《南方都市报》)

1. 选择正确答案
(1) "土著"是什么意思?
   A. 农民　　　　　　　　　B. 很土气的人
   C. 当地原先的居民　　　　D. 著名的人
(2) "文坛"的意思是:
   A. 文学界　　　　　　　　B. 漂亮的花坛
   C. 有花纹的坛子　　　　　D. 语文团体
(3) "好评"的意思是:
   A. 称赞　　　　　　　　　B. 批评
   C. 讨论　　　　　　　　　D. 爱好
(4) 以下句子哪个正确?
   A. 利昂是土著人　　　　　B. 利昂认识土著人
   C. 利昂是白人　　　　　　D. 利昂开始时说自己是土著人
(5) "冒充"的意思是:
   A. 愿意当　　　　　　　　B. 不愿意当
   C. 不是而说是　　　　　　D. 是却说不是

(6)"偏爱"的意思是：
A. 非常热爱   B. 不重要的爱
C. 特别喜爱其中的某个或某些   D. 同时喜欢几个方面的人和事

2. 讨论：以上练习的词汇中哪个是偏正式的

第十课

一、语汇训练

1. 将画线的词与相应的解释搭配起来

(1) 那杀人犯的<u>面目</u>可憎。　　　　　　　A. 带在脖子上装饰的链子

(2) 一条<u>项链</u>20万元。　　　　　　　　B. 骨头断了

(3) 姐姐涂了一点儿<u>唇膏</u>,看起来很年轻。　C. 父母兄弟子女等亲人

(4) 看到孩子一出生就失去了母亲,真让人<u>心酸</u>。　D. 言语方面的

(5) 奶奶摔了一下儿,<u>骨折</u>了。　　　　　E. 难过

(6) 冬天那里很冷,出门一定要戴<u>手套</u>。　F. 羡慕、妒忌

(7) 说话要小心,别引起不必要的<u>口舌</u>之争。　G. 说话不流利

(8) 看到别人住着大房子,开着好车,他<u>眼红</u>了。　H. 脸、样子

(9) <u>骨肉</u>分离是很痛苦的。　　　　　　　J. 一种化妆品,使嘴唇更漂亮

(10) 他从小就有点儿<u>口吃</u>。　　　　　　I. 带在手上的为了保暖或保护手的饰物

2. 找出与画线词语意思接近的项

(1) 我总觉得这人有点儿<u>面熟</u>,好像在哪里见过。
　A. 熟悉　　　　　　　　B. 看起来很奇怪
　C. 样子很熟悉　　　　　D. 热情

(2) 这对<u>热恋</u>中的男女完全不听别人的劝告。
　A. 狂热地恋爱　　　　　B. 很热情的
　C. 从热带来的　　　　　D. 关心别人的

(3) 老师把句子<u>重复</u>了好几遍,还是有同学没听懂。
　A. 重要　　　　　　　　B. 复习
　C. 一次又一次地做　　　D. 又来了

(4) 只要你认真读一读,这两篇文章的<u>优劣</u>很容易比较出来。
　A. 优点　　　　　　　　B. 缺点
　C. 重点　　　　　　　　D. A和B

(5) 那人好像对人很好,其实常做害人的事,我们<u>看透</u>他了。
　A. 完全了解　　　　　　B. 讨厌
　C. 看过　　　　　　　　D. 认识

67

(6) 小妹太性急了,没等别人把话说完就跳了起来。
　　A. 没礼貌　　　　　　　　　B. 爱跳舞
　　C. 急着　　　　　　　　　　D. 性格急躁

(7) 考试的时候一定要放松!
　　A. 放好东西　　　　　　　　B. 复习
　　C. 不紧张　　　　　　　　　D. 穿舒服的衣服

(8) 无论遇到什么困难,母亲始终支持我!
　　A. 一直　　　　　　　　　　B. 开始
　　C. 终于　　　　　　　　　　D. B和C

二、阅读训练

阅读 1

广州人与饮茶

　　广州是一座具有两千多年历史的古城。它是广东省政治、经济、文化和交通的中心,也是华南最大的城市。广州的饮食早就闻名国内外。广州的食物精美丰富,广州人的饮食风俗也复杂多样。俗话说:"生在杭州,死在柳州,穿在苏州,食在广州。"这的确是用最精练的语言赞美了广州的饮食文化。

　　老广州早上见面时的寒暄语常常是:"饮咗茶未?"意思是:"喝过茶没有?"可见,广州人是特别爱好喝茶的。广州人的"喝茶"不是光喝茶,还要吃品种繁多的点心。广州的大小茶楼酒楼,大都经营"三茶两饭",即早、午、夜三次茶市和午、晚两次饭市。人们必定先茶后饭,尤其是喝早茶。人们通常很早起床,上茶楼酒楼泡上一壶好茶,边品茶边聊天、看报纸,少则个把小时,多则几个小时。广州人把这叫"叹茶"。"叹"在广州话是"享受"的意思。

选择正确答案

(1) 这篇文章主要介绍的是：
　　A. 广州的食物的特点　　　　　　B. 广州的饮食习俗
　　C. 广州食物的制作方法　　　　　D. 广州的方言

(2) "食在广州"的意思是：
　　A. 广州的食物很有意思　　　　　B. 广州的饮食习俗跟别的地方不一样
　　C. 在广州吃东西很方便　　　　　D. 广州在吃的方面最好

(3) 广州的茶楼酒楼一般每天有几段时间可以专门喝茶？
　　A. 五次　　　　　　　　　　　　B. 两次
　　C. 三次　　　　　　　　　　　　D. 数次

(4) 广州人喝早茶时一般是：
　　A. 很晚才到茶楼，然后慢慢喝茶　B. 很早就到茶楼，然后慢慢喝茶
　　C. 只慢慢地喝一壶茶　　　　　　D. 很早就到茶楼，吃了点心就走

(5) 以下哪一个说法是不正确的：
　　A. 有客人来了才到茶楼喝茶　　　B. 客人来了一般都去茶楼喝茶
　　C. 喝茶时聊天、看报纸　　　　　D. 广州人很爱到茶楼喝茶

参考词语

1. 寒暄　　hánxuān　　（动）　　见面时谈一些天气冷暖之类的应酬话
2. 品　　　pǐn　　　　（动）　　尝试滋味、辨别好坏

阅读2

不要忘了那些饥饿的中国孩子

　　一天，我在一位美国人家做客。主人有两个小男孩，活泼可爱，非常调皮。吃饭时，小的那个孩子抱怨妈妈给他盛的食物不好吃，就推开盘子不吃了。这时他的爸爸妈妈都板起了脸，教训孩子不能浪费食物，必须吃完盘子里的东西。爸爸还对孩子说了一句已多次令我不自然的话："Don't forget the starving children in China."说完后，主人忽然意识到有我这个中国人在座，便又赶忙向我解释这只是一句普通的美国

俗语,并说他知道今天中国人民的生活已经有了很大的提高,已经没有饥饿了,请我原谅他等等。其实我不是头一次从美国人的口里听到这句话,也知道他们并无冒犯中国人的意思,当然不会跟他们计较,但每次听到这句话时都有些感慨:一来为中国现在的成就感到无比自豪,因为饥饿已离中国孩子而去;二来也佩服美国人教育孩子的方法,虽然他们的国家很富有,而且特别强调自由,可是我很少见他们像中国人那样娇惯孩子的。

"养不教,父之过。子不学,非所宜。"《三字经》说得好。多对孩子讲一点"谁知盘中餐,粒粒皆辛苦"的道理,千万不要让孩子染上那种蛮横的恶习,这恐怕比什么都好。

(据《羊城晚报》)

1. 判断正误
( )(1)"我"是中国人。
( )(2)"我"请美国人吃饭。
( )(3)"我"觉得美国人有意侮辱中国人。
( )(4)"我"对中国现在的经济状况感到骄傲。
( )(5)"我"似乎比较欣赏美国人教育孩子的方法。
( )(6)"我"似乎批评了中国人教育孩子的方法。
( )(7)这篇文章主要是谈中美语言的差异。

2. 找出与画线词语意思接近的项
(1) 他们教训孩子不能浪费食物。
  A. 拥抱 B. 思念 C. 批评 D. 教育
(2) 今天的中国经济蓬勃发展,再无饥饿。
  A. 没有食物吃 B. 讥讽嘲笑 C. 粮食 D. 饱满
(3) "我"为中国现在的成就感到无比自豪。
  A. 豪华 B. 自私 C. 骄傲 D. 豪迈
(4) "我"也佩服美国人教育孩子的方法。
  A. 敬佩 B. 佩带 C. 服务 D. 说服
(5) 千万不要让孩子染上那种蛮横的恶习。
  A. 厌恶 B. 习惯 C. 不好的习惯 D. 恶劣的风气

参考词语

1.	调皮	tiáopí	（形）	顽皮（多用于小孩子）
2.	意识	yìshí	（动）	察觉到
3.	冒犯	màofàn	（动）	言语或行动没有礼貌，冲撞了对方
4.	计较	jìjiào	（动）	争论；计算比较；打算、计议
5.	娇惯	jiāoguàn	（动）	纵容孩子养成不良习惯或作风
6.	蛮横	mánhèng	（形）	粗暴不讲道理

阅读 3

生菜会

生菜会流行于珠江三角洲各地。不同地区举行的日期略有差异，如广州是正月二十四，南海则为正月二十六。

生菜，是一种本地出产、可生吃的绿叶蔬菜，因为与"生财"同音，在广东民间极受欢迎。生菜会已有三百多年历史，清末民初，生菜会盛极一时。广州俗谚说："正月生菜会，五月龙母诞。"生菜会和龙母诞是当时广州民间两大盛会。

每到会期，四乡男女都到郊外田野里聚会，席地而坐，大吃生菜，看戏作乐，摸螺摸蚬，求子求财，热闹一番，民众称之为"生菜会"。会后各人返家时，人人的菜篮子里装满生菜，意思是"生财"而归。生菜会当日，各地还有吃生菜包的风俗，把不同的食物包到生菜叶里一起吃，风味独特。此外还有"包生"之意，希望一定能生孩子。生菜包的菜都有个吉利意义，如：酸菜炒蚬肉，意为子孙显达；粉丝虾米，意为长命富贵。据说，生菜会之日吃生菜包，便可一年顺利，身体健康，人财两旺。旧时生菜会上还有摸螺求子的习俗。希望生孩子的人把手伸到水中摸，摸得螺者生子，摸得蚬者生女。

1986年，南海县官窑、盐步等镇对传统生菜会进行了改革，把日期由原来的正月二十四改为正月十五，与元宵节合二为一。摸螺求子等旧的习俗消失了,变成以舞狮比赛为主,更主要的是当地人以生菜会的名义请来各地的客人,开展贸易洽谈和物资交流。新时代的生菜会真正起到了生财致富的作用,成为富有南国特色的春天盛会。

(徐霄鹰)

1. 判断正误

( )(1) 生菜会只在广州流行。
( )(2) 过去不同地方在同一天举行生菜会。
( )(3) 生菜会和龙母诞在同一时间举行。
( )(4) 过去人们参加生菜会主要是为了祈求吉利。
( )(5) 现在人们参加生菜会主要是为了进行贸易合作。
( )(6) 新的生菜会效果很好。

2. 回答问题

(1) 以前人们在生菜会上常做什么?
(2) 请说说以下食物或行为有什么吉利的含义?
    生菜:
    生菜包:
    带生菜回家:
    酸菜炒蚬肉:
    虾米粉丝:

参考词语

1. 盛极一时	shèngjíyìshí		在一段时间里非常流行、发达
2. 螺	luó	(名)	一种带壳的小的水生动物,生长在河里
3. 蚬	xiǎn	(名)	一种带壳的小的水生动物,生长在河里
4. 包	bāo	(动)	包X,表示"一定能X",如"包你满意"的意思是一定能让你满意
5. 吉利	jílì	(形)	好运气的
6. 显达	xiǎndá	(形)	有名、成功
7. 富贵	fùguì	(形)	富裕、成功、有地位
8. 致富	zhìfù	(动)	变得富裕

第十一课

一、技　能

猜词之三：简称（一）

热身活动

请看下面这两个笑话，并讨论它们为什么可笑。

一

有个作家，是作家协会的会员。一天，他去某政府部门办事，工作人员问他："您在哪儿工作？"他回答："我是作协的。"工作人员惊奇地看了他一眼，说："什么？您是做鞋的？"

二

中国古代要求女人要三从四德，意思是"未嫁从父，既嫁从夫，夫死从子"和"德、容、言、工"四个方面的品德。现在呢？我的一个朋友结婚，他的新娘要他签了一份文件，叫做《好老公的"三从四德"》，内容如下：

我保证：
老婆出门要跟从，
老婆命令要服从，
老婆讲错要盲从；
老婆化妆要等得，
老婆花钱要舍得，
老婆生气要忍得，
老婆生日要记得。

简称就是把长的词减缩或紧缩成短的词语。例如热身活动里的"作家协会"紧缩成"作协"，还有"清华大学"减缩成"清华"、"北京大学"紧缩成"北大"。

简称在现代汉语中占的比例不小，随着社会的发展，它产生的数量越来越多，速度也越来越快。同样的词语,随着时间、地点的不同,可能会有不同的简称;如果能清楚地理解简称的意义,对提高阅读能力和速度都会有很大的帮助。

简称的方法可以粗略地分成两种:

1. 从原来词语中抽取有代表性的词组成简称:

经济特区→特区　　　　　　文化教育→文教
商品交易会→交易会　　　　扫除文盲→扫盲
广东省、香港、澳门→省港澳　练习唱歌→练歌
工人、农民、士兵→工农兵　　身体检查→体检
科学技术→科技　　　　　　物理化学→理化
北京市体育运动委员会→北京市体委(在北京,只说"体委"也就行了)
北京市消费者协会→北京市消协(在北京,只说"消协"也就行了)

2. 抽出原来词语中的共同部分或概括原来的几个词语的共性加一个数词组成:

农业现代化、工业现代化、国防现代化、科学技术现代化→四个现代化→四化
中国自然科学院、中国社会科学院→两院
未嫁从父,既嫁从夫,夫死从子→三从

练习

1. 把下列简称还原成全称,并看看哪些简称会产生歧义

法规　　警民　　中美　　师生　　体院　　广电部
两广　　祖孙　　文联　　外办　　环保　　青少年
报刊　　短训　　监考　　中行　　北外　　教研室
特区　　港大　　高院　　教委　　中共　　中央台
文艺　　侨办　　经贸　　人大　　市委　　教职员

2. 把下列词语变成简称

高等学校(2个字)　　　　　　中国奥林匹克委员会(5个字)
中等专业学校(2个字)　　　　中国语言文学系(3个字)
作家协会(2个字)　　　　　　文学联合会(2个字)
新华通讯社(3个字)　　　　　精神文明、物质文明(4个字)
包退、包修、包换(2个字)　　水费、电费(3个字)
职业高等中学(2个字)　　　　华北、东北、西北防护林(5个字)
广州中国进出口商品交易会(3个字)　亚洲足球联合会(3个字)
中国科学院(3个字)　　　　　剑桥大学(2个字)
大学生运动会(3个字)　　　　香港商人(2个字)

二、阅读训练

阅读 1

美国的孩子

那年在美国过圣诞节,遇到两个美国孩子,给我留下很深的印象。

有一天晚上在一个美国人家里做客,我和几个中国人正在聊天,走进来一个小姑娘,六七岁的样子,站在旁边想说点儿什么,又不好打断我们。一个到美国多年的中国人忙站起来自我介绍。小姑娘高兴了,一边自我介绍,一边跟每一个大人握手,说:"很高兴认识你。"言谈举止很自信。问她是不是某某的女儿,她不甘心地点点头;问她为什么不跟着父母?她说:"他们是他们,我是我。"西方人很重视培养孩子独立的能力,她明明是跟父母一起来做客的,却偏要自己去认识陌生的大人。

第二天早上开车去看风景。新泽西有许多湖,都结着冰,冰上覆盖着一层薄雪。我在缓缓前进的车里欣赏着冬天的风景。突然,看见冰湖上有一个小孩子!我忙停下车,才看清是一个一两岁的小孩,头戴红色的小雪帽,摇啊晃地在冰上行走,身后留下两行歪歪扭扭的小脚印。

我喊:"这是谁家的孩子?当家长的怎么不管管?掉到冰窟窿里怎么办?"正喊着,孩子摔了一跤,浑身是雪,很艰难地爬起来,还没站稳,又摔倒了。我一惊,想上去把孩子抱起来。刚走到冰上,就听见有人喊我。回头一看,是个美国女性,看起来像是孩子的母亲,她说:"别紧张,他会爬起来的。"

说话间,孩子已经爬起来,摇啊晃地继续往湖中间走去。冰雪上的两行小脚印不断地延伸着,那顶红色的小雪帽越晃越远。

(周小兵)

判断正误

(   )(1) 小姑娘站在旁边想打断"我们"的谈话。
(   )(2) 别人问小姑娘是不是某某的女儿时,她觉得很高兴。
(   )(3) 西方人都希望自己的孩子去认识陌生的大人。
(   )(4) 小孩子一个人在冰上行走。
(   )(5) 这个小孩子很怕摔倒。
(   )(6) 小孩子走得很稳了。
(   )(7) "我"看到孩子一个人在冰上走,觉得很担心。
(   )(8) 孩子的母亲看到孩子在冰上走时,也觉得很紧张。

参考词语

1. 言谈举止　　yántánjǔzhǐ　　　　　　　　说话、做事的姿态和风度
2. 歪歪扭扭　　wāiwāiniǔniǔ　　（形）　　　形容歪斜不正的样子
3. 窟窿　　　　kūlong　　　　　（名）　　　洞

阅读 2

限制中学生的发型

"我想让女学生都留齐耳短发,男生的头发保持在两寸以内。高三学生例外,可以加长一寸。"天津第十七中学的王主任这样说。现在,这所中学已经成为全市少数几家限制学生发型的学校之一。

大多数学生对此不理解,有的甚至反映到新闻机构和政府部门。他们普遍认为统一发型没有必要,有一个女学生说:"女生留长发更显得清纯。"家长们则双手赞成限制发型。一位姓张的家长表示,学生就该将主要精力用于学习。他听到这个规定后,马上就让孩子去把长发剪短了。另一个家长也说:学生需要引导,十七中的做法值得提倡。

教育界的权威人士认为:短发对学生的智力发育是有益的,统一的发型对培养学生的集体荣誉感和自律能力也是有帮助的。"其实我自己并没有想这么多。我只是觉得北京八中统一的发型很好看,就想学一学。效果怎样现在还很难说。"王主任说。

第十一课

出人意料的是,十七中附近的理发店却非常关注这件事,老板们都希望这个规定能够长期保持下去。

(据《南方都市报》)

选择正确答案

(1) 天津限制学生发型的学校:
    A. 比较普遍   B. 不太普遍
    C. 只有第十七中学   D. 所有的中学

(2) "我想让女学生都留齐耳短发"中的"齐"是什么意思?
    A. 整齐   B. 长度达到
    C. 清洁   D. 刚好超过

(3) 对于限制学生发型:
    A. 学生表示欢迎   B. 家长表示欢迎
    C. 学生和家长都表示欢迎   D. 新闻机构和政府部门表示欢迎

(4) "学生就该将主要精力用于学习"的意思是:
    A. 学生应该有良好的学习精神
    B. 学生学习的时候应该集中精力
    C. 学生最应该关心的事是学习
    D. 学生应该用正确的学习方法来指导学习

(5) 王主任认为:
    A. 统一的发型对培养学生的集体荣誉感和自律能力有帮助
    B. 短发对学生的智力发育有益
    C. 统一的发型好看
    D. A 和 B

(6) "我只是觉得北京八中统一的发型很好看"中"北京八中"的全称是:
    A. 北京市八级中学   B. 北京市八所中学
    C. 北京市第八中心学校   D. 北京市第八中学

(7) 十七中附近的理发店非常关注限制发型的事,可能是因为:
    A. 这件事跟他们的经济利益有关   B. 这件事让他们感到意外
    C. 这件事很有意思   D. 他们关心学生

参考词语

1. 权威   quánwēi   (形)   使人信服的力量和威望

2. 荣誉感　　róngyùgǎn　　（名）　对光荣和名誉的感觉、重视程度
3. 自律　　　zìlǜ　　　　（动）　自己约束、控制自己
4. 出人意料　chūrényìliào　　　　事物的好坏、数量的大小、情况的变化出于
　　　　　　　　　　　　　　　　 人们的意料之外

阅读 3

春城昆明

在文章中迅速查找并回答下列问题

(1) 昆明的年最热月份气温是_____。
(2) 昆明被称为_____。
(3) 昆明一年中的春秋天气有_____天。
(4) 昆明冬天光照充足、天气晴暖是因为_____。
(5) 昆明有时一天的温差可以达_____。

　　昆明的年平均气温14.7℃。最冷月份气温7.8℃，最热月份气温19.9℃。全年冷热差异为12.1℃，相当于北京3~5月的天气。通常以候（5天为一候）气温在10℃以下为冬天，22℃以上为夏天，中间气温为春秋。从3~11月，有长达300天的春秋天气，可以说是短冬无夏，春秋相连。所以，昆明被称为"春城"。

　　昆明一年四季没有台风。冬天，北方寒潮由于路途遥远和高山的阻挡，很难对昆明有太大的影响，所以昆明的冬天依然光照充足，天气晴暖。夏天，由于昆明海拔较高，空气稀薄，天气晴朗时就温暖如春，而下雨时气温就会急剧下降。所以有人说昆明是"四季无寒暑，一雨便成冬"。

　　昆明一年中最冷月和最热月的气温仅相差12℃，四季冷热不明显。但是每天的温差却很大，有时一天中的最高气温和最低气温相差可以达到18℃，早晚冷，白天热。

（据上海教育出版社《春城昆明》）

参考词语

1. 寒潮　　háncháo　　（名）　　从北方寒冷地带向南方侵袭的冷空气
2. 阻挡　　zǔdǎng　　（动）　　阻止；拦住；不让通过
3. 急剧　　jíjù　　　　（形）　　急速；迅速而剧烈

阅读 4

短文两篇

阅读以下段落，并说说画线词语是什么的简称

1. 得奖的《天使在作战》讴歌了一位普通医生多年来与医疗腐败的斗争——谁说<u>反腐</u>不是主旋律？书里的主人公陈晓兰在得知写自己的这部作品获奖时，正打算停止她刚满十年的"<u>打假</u>"事业。想想自己这十年的经历，陈晓兰觉得特别没意思：通过她的努力，一个个假冒伪劣的医疗产品确实被取缔了，然而之后却是更多的假冒伪劣产品出现。

2. 中国政治制度的基本结构是在中国共产党的统一领导下，实行人民代表大会制度、多党合作和政治协商会议制度、民族区域自治制度。<u>人大</u>通过选举、投票行使权力，它与人民<u>政协</u>在选举、投票之前进行充分协商，每年 3 月，"<u>两会</u>"先后召开全体会议一次。

第十二课

一、技　能

猜词之三：简称（二）

热身活动

看中国人的名字，做猜谜游戏
（1）王沪生、张穗生、陈港生、魏京生
问题：你能猜出这四位先生名字的含义吗？
（2）张粤雁和张鲁雁，她们是在上海出生长大的两姐妹。
问题：你能猜出这两姐妹的名字含义吗？

如果猜不出来，就请看以下介绍。

汉语的地名常常都可以用简称，一般来说，每个地名的前一个字可以当做它的简称。如：云南、贵州、四川三省简称分别为云、贵、川；英国、法国、德国简称分别为英、法、德；广州到九龙的列车简称分别为广九列车；坦桑尼亚到赞比亚的铁路简称为坦赞铁路。

也有一些地名的简称不是用第一个字，而是用后一个字，如北京、天津、香港，它们的简称就分别是京、津、港。

中国还有一些地名有特殊的简称，如山东省、山西省、河北省就分别简称为鲁、晋、冀；上海市、广州市、重庆市就分别简称为沪、穗、渝。鲁、沪等，实际是代称，不过人们也常叫简称。

中国省、市、自治区和主要城市简称

省、市、自治区名称	简称	省会城市/简称	其他主要城市及简称
北京	京		
天津	津		
上海	沪、申		
重庆	渝		
河北	冀	石家庄/石	承德

省、市、自治区名称	简称	省会城市/简称	其他主要城市及简称
山西	晋	太原/太	大同/大
内蒙古	内蒙	呼和浩特/呼	包头/包
辽宁	辽	沈阳/沈	大连/大
吉林	吉	长春/长	
黑龙江	黑	哈尔滨/哈	
山东	鲁	济南/济	青岛
河南	豫	郑州/郑	洛阳/洛；开封/汴
江苏	苏	南京/宁	苏州/苏
安徽	皖、徽	合肥/庐	
浙江	浙	杭州/杭	
江西	赣	南昌	
福建	闽	福州/榕	厦门/厦
湖北	鄂	武汉/汉	
湖南	湘	长沙	
广东	粤、广	广州/穗	深圳/深；珠海/珠
海南	琼	海口	
广西	桂	南宁/邕	桂林/桂
甘肃	陇、甘	兰州/兰	
青海	青	西宁/西	
宁夏	宁	银川	
陕西	秦、陕	西安	
新疆	新	乌鲁木齐/乌	
四川	川、蜀	成都/蓉	
云南	滇、云	昆明	
贵州	黔、贵	贵阳/筑	
西藏	藏	拉萨	
台湾	台	台北	高雄/高
香港（特别行政区）	港		
澳门（特别行政区）	澳		

再说本课开始的热身活动(1)的几个人他们分别是在上海、广州、香港、北京生的；(2)的两姐妹的父母分别来自广东和山东，他们像大雁一样飞到上海。

练习

1. 下列简称分别说的是什么

南昆铁路　　　　　　　　京九铁路

中蒙边界　　　　　　　　成渝公路

两伊战争　　　　　　　　中日友好协会
俄美高级会谈　　　　　　中韩经贸合作
京沪产品展销会　　　　　沈大高速公路
陕甘宁边区　　　　　　　美加足球友谊赛

2. 把下列简称还原成全称

外院　　　　　　　　　　云贵川
公厕　　　　　　　　　　师大
农行　　　　　　　　　　贸促会
体委　　　　　　　　　　青运会
简介　　　　　　　　　　上汽
法新社　　　　　　　　　师大
质检

3. 把下列词语变成简称

美术学院(2个字)　　　　　航空灾难(2个字)
干部群众(2个字)　　　　　计划生育委员会(3个字)
对外经济贸易部(3个字)　　第十个五年计划(4个字)
游泳协会(2个字)　　　　　业余大学(2个字)
建设银行(2个字)　　　　　违反纪律(2个字)
奥林匹克运动会(3个字)　　四川—西藏公路(4个字)
统一考试(2个字)　　　　　拥军优属、拥政爱民(2个字)
女子双打(2个字)　　　　　魏国、蜀国、吴国(2个字)
男子排球(2个字)　　　　　空气调节器(2个字)
股票市场(2个字)　　　　　联合国教育、科学、文化组织(5个字)
北京医科大学(3个字)　　　中国—日本友好协会(4个字)

二、阅读训练

阅读 1

孝敬父母

　　人到四十,因为工作忙,会不知不觉忽视年老的父母。怎样孝敬父母?就成了要关注的话题。最近,我和一位镇长朋友来往,近距离目睹了他对父母的孝敬。

　　乡镇工作一年到头都没有闲暇,春播夏收秋种冬藏,工作的繁忙和紧张人人皆知。镇长不能保证每个星期都可以回一趟父母家。即使回家,也因家事多,很少与双亲交谈,对父母最大的孝敬就是从口袋里把钱掏出来交给他们,然后又匆匆忙忙地走了。这样的日子年复一年,镇长也没有意识到有何不妥。直到有一天,他看到读小学的儿子写的一篇关于孝敬老人的作文,说老人不是在意子女给他们多少钱,而是在意子女的关心和陪伴。镇长才明白过来:孩子在提醒自己。从此以后,无论多忙,镇长回家总要陪父母看看电视,聊聊家常,问问长短。

　　老人最大的生存动力在于别人需要他。镇长深知父母的脾性,三年前就抱了一个弃婴给父母抚养,父母看着婴儿从会叫、会走,到会跳,一天天长大的孩子带给父母一天天新的希望,原来因脚痛走路不便的母亲,也奇迹般地康复了。父母心情好、精神好,自然就要交际,要牵挂别人,为了使双亲能及时联系想念的人,镇长把自己更新换代的手机送给老母亲。在灯下,他手把手地教母亲开、关手机,输入号码,给手机充电。镇长对父母的细致,令人感到很温暖。

(彭绮文)

1. 选择正确答案

(1) "忽视"的意思是什么?

　　A. 忽然看见　　B. 不重视　　C. 忘记　　D. 视力不好

(2) 以前,镇长对父母的孝敬主要体现在什么方面?

　　A. 给父母钱　　　　　　　　B. 和父母聊聊家常

C. 和父母看电视　　　　　　D. 回家陪父母吃饭

(3) "脾性"跟下列哪个词意思相近？
A. 心情　　　　B. 情况　　　　C. 脾气　　　　D. 身体

(4) 镇长后来给父母了什么？
A. 电视　　　　B. 冰箱　　　　C. 洗衣机　　　　D. 手机

2. 根据文章内容回答问题
(1) 你认为孝敬老人最好的方式是什么？
(2) "弃婴"是什么意思？用自己的话解释。

参考词语

1. 孝敬　　xiàojìng　（动）　表示对长辈好，尊敬并关心他们
2. 目睹　　mùdǔ　　（动）　亲眼所见
3. 家常　　jiācháng　（名）　指家庭日常生活的小事
4. 康复　　kāngfù　　（动）　生病后身体慢慢地变好

阅读 2

短文两篇

阅读以下段落，并说说画线词语是什么的简称

1. 中国五矿化工进出口商会负责人指出：欧洲钢铁工业联盟关于中国钢铁行业得到政府补贴的指控是没有依据的。中国钢铁行业对此表示坚决反对，并强烈要求<u>欧盟</u>委员会从中欧贸易健康发展的长远利益考虑，不予立案。这位负责人指出：<u>欧钢联</u>在与中国钢铁行业保持对话的同时，又向<u>欧委会</u>起诉中国钢铁行业，这种做法不合时宜。

2. 昨天，中国网球公开赛组委会正式宣布，<u>中网</u>男子赛事"冲超"成功，从过去的三级赛事升级为ATP500系列赛。这意味着从2009年开始，中网将成为仅次于<u>美网</u>、<u>法网</u>、<u>温网</u>后的又一个超级赛事。中网组委会副主席、国家网管中心副主任高沈阳表示：网球运动在中国开创了前所未有的繁荣局面。

第十二课

阅读 3

征婚启事

根据征婚启事回答问题

（1）40岁的军人（男）如果刚好离婚，暂时没有固定的工作，很想找一个女士共建一个家庭，跟哪位女士比较合适？

（2）一位30岁左右的广州女性，不希望离开广州，最可能找哪位男士？

（3）一位45岁的上海公务员，刚离婚，想找本地女士的结伴，最合适找哪位？

（4）一位40岁左右的离婚女士，很想找一个50岁左右的生活方式健康的伴侣，比较适合哪位男士？

（5）一个30岁的上海幼儿园教师，工作勤奋认真，比较有爱心，喜欢军人，比较适合她的男士是哪位？

1. 男，31岁，1.72米，南方籍。英俊貌佳，执著重情。心善坦诚，具有很强责任心。上海工作。诚觅30岁左右、1.60米左右、人品素质好、诚实善良朴实的有缘女士，婚史不限。女方条件好的愿落户女方。

2. 女，39岁，1.66米，北方籍，未婚，正直善良，体健貌端，文静高雅，曾在北京进修艺术专业，发表过作品，在京生过一个女孩，现读初中，真诚觅40到45岁左右的军人，要求其正直坦诚实在，有责任心，热爱家庭，能给孩子父爱。

3. 男，经商，48岁，1.75米，短婚未育。强壮貌俊，美发，中医，擅长疑难病症，多文凭多套房，多才技，爱跑步，无不良嗜好，觅重情义轻财势，39岁以下，1.60米以上，体健能育，能进厨房出厅堂之女性。

4. 男，33岁，未婚，大专，1.71米，退伍军人，体健貌端，重情爱家，现在沪经商，有稳定收入。诚觅：心地善良、端庄、勤快的好女人，做生活上的好伴侣、事业上的好帮手。婚史不限，不诚勿扰。

5. 女，40岁，1.55米。健康貌端，善良体贴，离异后有一男孩，今年18岁，中专在读。诚觅52岁以下，1.65米以上，诚实、健康、有责任心的男士为伴。要求对方在沪工作，户籍最好在江、浙、沪一带，月收入

3000元以上,离异或丧偶,无孩或有一女孩,如无孩也可到女方家落户。

(摘自《现代家庭》)

参考词语

1.	征婚	zhēnghūn	(动)	公开征求结婚对象
2.	启事	qǐshì	(名)	为说明某事登在报刊或其他地方的文章,例如招聘启事
3.	觅	mì	(动)	寻找
4.	离异	líyì	(动)	离婚
5.	丧偶	sàng'ǒu	(动)	夫妻当中的一方去世

第十三课

一、技　能

猜词之四：词语互释（一）

从这一课开始，我们学习和练习在句子中猜词的技能，也就是说在阅读中遇到生词的时候，如果能读懂上下文的意思，就有可能猜出生词的大致意义。

热身活动

1. 以下几个词的意思你们知道吗？不知道可以查字典
(1) 面熟：
(2) 兼职：
(3) 夜猫子：

2. 现在，请你用自己的话解释这三个词语
(1) 面熟：
(2) 兼职：
(3) 夜猫子：

3. 请坐在一起的3～4个同学比较一下你们的解释，然后请看以下三个句子
(1) 这个人很面熟，我一定在哪儿见过。
(2) 白天他是百货商店的售货员，晚上他还有一个兼职，是教学楼的保安。
(3) 他是个夜猫子，每天晚上不到两三点是不会睡觉的。

如果你们先看这三个句子能猜出这三个词的意思吗？差不多是可以的吧？这就是我们本课要练习的技能——上下文中有对生词的意义的解释或补充说明。

练习

1. 根据句子中的解释,猜猜画线词语的意思,并用词语回答问题

(1) 她很害羞,一见到陌生人就不好意思说话。

问题:老师问问题的时候,有的同学知道答案却不愿意回答,为什么?

(2) 这部电影一点儿意思也没有,味同嚼蜡。

问题:什么文章让你们读得想睡觉?

(3) 他一次能喝一斤茅台酒,真是海量。

问题:跟能喝酒的中国朋友吃饭,可以对他们说什么?

(4) 他很慷慨,常常送很贵的礼物给朋友。

问题:对于需要帮助的人,我们应该怎么做?

(5) 我这部照相机是无价之宝,给我多少钱我都不会卖的。

问题:你最宝贵的用品是什么?

(6) 他跟长辈说话也是随随便便的,没大没小。

问题:你父母不喜欢你的一个同学,可能是因为什么?

(7) 这是个穷凶极恶的罪犯,杀人放火,什么坏事都干。

问题:德国纳粹怎么样?

(8) 她马上就要回国了,同学们在饭馆请她吃饭,为她饯行。

问题:你来中国以前,朋友们做什么?

(9) 这部电影雅俗共赏,文化高的和文化低的人都能喜欢。

问题:好的电影应该是怎么样的?

(10) 我和他素昧平生,从没有见过面。

问题:有人把心事告诉最亲近的人,有人却愿意把心里的秘密告诉什么人?

2. 两个同学一组,分别用以下词语造三个句(可先查字典),应该尽量能让不知道这个词语意思的人能猜出这个词的意思

(1) 亲戚:

(2) 滑稽:

(3) 批准:

(4) 熬夜:

(5) 准点:

(6) 顽固:

现在两个同学交换阅读你们造的句子,看能不能猜出词语的意思。

二、阅读训练

阅读 1

中国服装与世界先进水平的差距

在世界上绝大多数国家,都能买到"中国制造"的服装。

令人遗憾的是:中国到现在还没有一个在国际上真正知名的品牌。许多企业辛辛苦苦地帮外国公司加工名牌服装,贴上外国的牌子,一件可以卖几百美元。可我们自己出口服装的价格每件却可能只有几美元,有些服装甚至是以重量为单位来销售。中国服装在国际上成了"大路货"的代名词。有些中国服装在款式、花色品种等方面与外国名牌相似,但是仔细看就能发现它的质地、做工的确不如外国货,中国服装与世界先进水平相比,还存在相当差距。

造成这种情况的原因是多方面的,有服装原料方面的、有服装设计方面的,还有中国人消费水平与消费习惯方面的。令人振奋的是,中国纺织服装业已经认识到这一点,他们正在通过大规模技术改造提高自己在各方面的水平,相信中国服装能在不远的将来接近世界先进水平。

(据《经济日报》)

判断正误

(　)(1) 中国服装的产量和出口量都是世界上最大的。
(　)(2) 中国有许多国际品牌服装。
(　)(3) 中国服装在国际市场很便宜。
(　)(4) 中国服装是大有希望的。

参考词语

1. 差距　　chājù　　(名)　事物之间的差别程度
2. 大路货　dàlùhuò　(名)　质量一般而销路很广的货物

阅读 2

北京的饮食

北京菜又叫京帮菜，它是以北方菜为基础，并且吸收了其他风味后形成的。北京菜由于北京的特殊地位，所以能够集全国烹调技术之大成，形成自己的特色。

明清两代，在北京经营饭店的主要是山东人，所以山东菜在市面上占主导地位。吸收了汉满等民族饮食精华的宫廷风味并在广东菜基础上发展起来的谭家菜，也为京帮菜带来了光彩。

北京菜中，最具特色的要算烤鸭和涮羊肉。烤鸭是北京名菜，最早的烤鸭店老便宜坊是明代从南京迁来的，说明它来源于江南。但北京鸭是人工饲养的优良品种，烤制上又有明炉、焖炉之分，如便宜坊的是焖炉烤鸭，而另一个老字号全聚德的则是明炉烤鸭。

涮羊肉、烤牛肉、烤羊肉原来是北方少数民族的吃法，辽代墓壁中就有众人围着火锅吃涮羊肉的图画。现在，涮羊肉的制作方法几乎家喻户晓。

北京有许多有名的小吃，如原为清宫小吃的千层糕、满族小吃萨其马、致美斋的萝卜丝糕、谭家菜的名点心麻茸包、通三益的秋梨膏和信远斋的酸梅汤等等。

过去，北京的饭馆多种多样，有大有小，有南有北，有中有西。中餐馆有五种：一是专卖面食的切面铺等；二是主要卖肉食的所谓"二荤铺子"；三是规模较小的馆子，店名往往叫某某春、某某轩，如四海春、三义轩；四是中等馆子，也叫饭庄子，一般叫某某楼、某某居；五是大饭庄子，专做红白喜事、寿辰、接官等大型宴会生意，常有戏台可以唱戏，酒席一摆就是几十桌、上百桌，名字一律叫某某堂，如福寿堂、同兴堂等。

过去北京的西餐饭馆叫做"番菜馆"，其中日本人开的饭馆，卖西餐的叫做"西洋料理"，卖中餐的叫做"支那料理"。

（据《中华民族饮食风俗大观》）

在文章中迅速查找并回答下列问题

（1）想了解北京饭馆的情况,你会注意第____段。

（2）想了解北京的小吃,你会读第____段。

（3）想了解有关烤鸭的情况,你会看第____段。

（4）想简要了解北京菜的概况,你会注意第____段。

参考词语

1. 地位　　　　dìwèi　　　　（名）　　在某种关系中所处的位置
2. 主导　　　　zhǔdǎo　　　（动）　　主要的并且引导事物向某方面发展的
3. 宫廷　　　　gōngtíng　　　（名）　　帝王住的地方
4. 家喻户晓　　jiāyù-hùxiǎo　　　　　　每家每户都知道

阅读 3

你是穷人还是富人？

1. **在文章中迅速查找并回答问题**

（1）如果一个人月收入是 3000,他属于哪类人？

（2）如果一个人年薪是 10 万,他属于哪类人？

（3）高产者是月薪 2 万元左右的人,对吗？

（4）富豪的年收入在 100 万左右,对吗？

（5）如果一个人每月收入为 800 元,那么他是什么人？

下面是刚颁布的《中国贫富标准线》,看看我们生活在哪个层次？

超级大富豪:年收入在 5000 万以上

大富豪:年收入在 1000～5000 万

富豪:年收入在 300～1000 万之间

富人:年收入在 100～300 万之间

高产者:年收入在 30～100 万之间

中产者:年收入在 15～30 万之间

低产者:年收入在 8～15 万之间

穷人:年收入在 3~8 万之间

很穷的人:年收入在 1~3 万之间

非常穷的穷人:年收入在 5000~1 万之间

穷得没衣服穿的人:年收入在 1000~5000 之间

穷得求生不得求死不能的穷人:年收入在 100~1000 元之间

穷得几乎要死的穷人:年收入在 30~100 元之间

死路一条的穷人:年收入在 30 元以下

（资料来源:http://fashion.ifeng.com/life/culture/200806/0627_52_621456.shtml）

2. 讨论

(1) "富豪"是什么意思？

(2) 你认为这个《贫富标准线》是真的吗？为什么？

(3) 把你或你父母在你的国家的收入换算成人民币,看看你/他们在中国算是哪一类人？

阅读 4

地震后的世界杯

1958 年,智利赢得第 7 届世界杯的主办权,全国上下都在为这件事欢庆。

然而,1960 年 5 月 22 日 15 点 11 分,智利发生了人类历史上震级最高的地震,达里氏 8.9 级。地震还引发了世界上最大的一次海啸。此后一个月内,智利竟发生了 7 次 7 级以上地震。许多城市被毁坏,5700 多人死亡。

地震不但严重破坏了智利的经济,而且毁坏了许多世界杯比赛场地。不但国际社会,许多智利人也开始认为,只有两年零八天的时间,他们无法再举办世界杯了。

在国际足联召开的世界杯赛场是否改变的紧急大会上,智利足协主席卡洛斯·迪特伯恩坚决地说:"智利已经失去了一切,绝不能再失去世界杯。"他的话感动了所有人,甚至连对手阿根廷也把赞成的一票投给了智利。

保住了世界杯主办权的消息让悲痛的智利人开始振作。他们争分夺秒地抢在比赛前完成了四个赛场的修复和重建。1962年5月30日,世界杯按时开幕,尽管这届世界杯办得很简朴,但智利人却摆脱了灾难后的阴影,并向世界人民证明:智利没有失去世界杯,更没有失去一切。然而,为智利人保住世界杯主办权的迪特伯恩,却因为过度劳累,在比赛前一个月就去世了。于是,智利人把阿里卡体育场命名为卡洛斯·迪特伯恩体育场来纪念他。

(据《世界新闻报》陶短房文)

选择正确答案

(1) 地震后智利人为什么觉得不可能再举办世界杯?
    A. 地震和海啸   B. 经济受到了破坏
    C. 比赛场地被破坏   D. 以上全部

(2) 关于1960年的智利地震,以下哪个说法不对?
    A. 有5700多人死亡   B. 7级以上地震一共有7次
    C. 是人类历史上最严重的地震   D. 还引发了最大的海啸

(3) 智利足协主席对举办世界杯的态度是:
    A. 坚持到底   B. 坚决反对
    C. 主张放弃   D. 失去兴趣

(4) 这次世界杯:
    A. 按时开幕了   B. 赛场改变了
    C. 办得太简单   D. 还在灾难的阴影下

(5) 智利人为什么把阿里卡体育场命名为卡洛斯·迪特伯恩体育场?
    A. 因为他在比赛前去世了
    B. 因为他的话感动了很多人
    C. 因为他为智利人保住了世界杯的主办权,增强了智利人的信心
    D. 因为他是足协主席

参考词语

1.	主办权	zhǔbànquán	(名)	主持办理某项活动的权利
2.	海啸	hǎixiào	(名)	海水冲上陆地,往往造成灾害
3.	开幕	kāimù	(动)	(会议、比赛等)开始

阅读 5

最新火车时刻表

车次	类别	始发时间	查询站	到达时间
1342/1343（杭州—齐齐哈尔）	空调普快	15：12	上海	08：07
1351/1354（成都—上海）	空调普快	19：25	上海	09：05
1352/1353（上海—成都）	空调普快	14：45	上海	06：41
1461（北京—上海）	普快	14：30	上海	14：32
1462（上海—北京）	普快	13：00	上海	12：12
1657/1660（洛阳—上海）	空调普快	19：56	上海	12：47
2525/2528（连云港东—上海）	空调普快	17：20	上海	05：00
2581/2584（烟台—金华西）	普快	09：53	上海	14：47
2582/2583（金华西—烟台）	普快	16：50	上海	17：56
5065/5068（淮南—上海）	空调普快	12：40	上海	21：57
5066/5067（上海—阜阳）	空调普快	22：23	上海	09：19
D681（上海南—杭州）	动车组	19：03	上海南	20：21
D683（上海南—杭州）	动车组	19：59	上海南	21：22
T779（上海南—义乌）	空调特快	08：10	上海南	11：14
T780（义乌—上海南）	空调特快	16：17	上海南	19：25
D685（上海南—义乌）	动车组	07：25	上海南	09：40
T792（宁波—上海南）	空调特快	07：15	上海南	10：51
T793（上海南—宁波）	空调特快	11：21	上海南	14：58
T794（宁波—上海南）	空调特快	10：41	上海南	14：19

回答问题

（1）宁波到上海南有多少趟车？

（2）坐空调特快从上海南到义乌要多少个小时？

（3）文中有多少趟车是动车组的？

（4）列车 1462 开出的时间是几点？

（5）5066 次车从上海到阜阳要多长时间？

（6）普快、空调普快、动车组和空调特快，哪个的速度最快？

（7）文中特快列车有多少趟？

第十四课

一、技　能

猜词之四：词语互释（二）

热身活动

先阅读短文，再回答问题

我对广州人的印象可以说上半天，但用一个词就完全可以概括：实际！广州人最少<u>虚</u>的，最讨厌<u>虚</u>的，甚至忙得没有时间去讨厌<u>虚</u>的。人往往就是这样，最缺的就是最想得到的，最向往的就是最欣赏的。

(1)"虚"的反义词是什么？
(2)以下哪个话题是<u>虚</u>的？
　　A. 股票　　B. 家庭　　C. 诗歌　　D. 汽车
(3)"我"是个怎么样的人？

回答上面的问题并不难，只要我们抓住短文中的一组反义词："虚"和"实际"。在阅读中，我们可以根据上下文中意义的对比来猜词。在有对比的句子中，除了常常使用反义词外，还常常有表示否定或相反意思的"不"、"没（有）"、"别"、"甭"、"但（是）"、"可（是）"、"实际上"、"却"、"而"这些词。比如："她很努力，但是她弟弟很懒。"我们知道"努力"的意思，由于有了"但是"，我们就可以知道"懒"的意思是"不努力"了。再比如：

(1) 她做事慢条斯理的，一点儿也不像她妈妈那样爽快。
(2) 他很死板，可他弟弟却很活泼。
(3) 她泰然自若，一点儿也不紧张。
(4) 别拐弯抹角了，有话直说。

在上面的句子中，我们根据意义相反的对比，可以知道与"慢条斯理"、"死板"、"泰然自若"、"拐弯抹角"意义相反的词应该是"爽快"、"活泼"、"紧张"、"直说"。

练习

1. 对比画线词语来理解它们的意思

(1) 她对人很<u>冷淡</u>，没点儿<u>热情</u>。

(2) 我不喜欢过<u>奢侈</u>的生活，我认为<u>俭朴</u>的生活是最好的。

(4) 她看起来很<u>成熟</u>，可她的想法却很<u>幼稚</u>。

(5) 她每天都按时<u>去学校</u>，从来不<u>旷课</u>。

(6) 他刚来的时候瘦得<u>皮包骨</u>，现在却胖得<u>不得了</u>。

(8) 他很<u>镇定</u>，遇到什么事都不<u>慌张</u>。

(9) 弟弟很<u>谦虚</u>，而哥哥却很<u>自大</u>。

(10) 这家商店<u>顾客盈门</u>，对面的商店却<u>冷冷清清</u>。

(11) 年轻人喜欢<u>自由自在</u>，不喜欢受<u>束缚</u>。

(12) 这个苹果<u>表面</u>很好，可<u>里面</u>全腐烂了。

2. 在上面练习的词语中进行选择，完型填空

办公室里有几个同事很有意思，值得写写。

老李 1 米 8 高，却只有 120 斤，称得上是_____。对人总是很_____，有时见了面连招呼都不打，大概因为是名牌大学毕业的吧，难免有些_____。老李已经快 40 岁了，还是没有成家的打算，说是要享受_____的生活。

坐在他对面的王闯年纪比老李小得多，却似乎比老李_____不少，对人总是笑脸相迎，_____有礼，爱帮助人，平常还特别爱说笑话。他一出差，大家就都抱怨说办公室没了王闯，显得_____的。

路容是位可爱的姑娘，头脑却有些_____。她羡慕电影明星们的_____生活，见到喜欢的衣服，即使要花光一个月的工资，她也毫不犹豫。一次，大家正在向上级汇报工作，她忽然_____地跑出会议室。原来，她发现自己的袜子破了。

3. 根据句子上下文意义相反的对比，填写出最可能出现的词语

(1) 她吃<u>素</u>，从来不吃_____。

(2) 人人都说电脑<u>方便</u>，可是他觉得电脑很_____。

(3) 做事一定要_____，不能再这样<u>马马虎虎</u>了。

(4) 哥哥很_____，但是弟弟很<u>勤快</u>。

(5) 他看起来很_____，实际上比谁都<u>聪明</u>。

(6) 我只是_____看了看，没有<u>仔细</u>研究。

(7) 这套软件比较<u>简单</u>，不像那套那么_____。

(8) 这栋房子从外边看起来很简陋,可里面却_____。
(9) 这种车很笨重,不如那种车_____。
(10) 我随便点几个_____,又不是什么山珍海味,不用客气。

二、阅读训练

阅读 1

《清明上河图》

宋代描写城市居民生活最有名的一幅画,就是张择端的《清明上河图》。清明即春天的清明节,上河就是指宋代的首都汴京(今天的开封城)。

这幅画非常长。首先从郊外开始:一些春天刚刚发芽的老树围绕着村庄、房屋,有一些人马在赶路。逐渐靠近河边,有大船在装货、卸货,有供旅客喝酒吃饭的酒馆。房屋也从郊外的草房变成瓦片屋顶的房子,感觉上更接近城市了。巨大的商船要穿越拱桥,桥上挤满了行人,桥的两边还有商贩,有挑担子的商人,有驮着大袋货物的驴马。然后城门出现了。出入城门的有许多牛车,还有似乎是和塞外做生意的骆驼队伍。城门里有高大的楼房和许多商店,此外,还有各种摊贩在路边叫卖。这张《清明上河图》像电影一样,非常详细地记录了宋代京城的生活,连每一家商店卖的货物都可以清楚地看到。

我们今天要把自己居住的城市一点不漏地画出来,也是非常不容易的事。所以,每个看到《清明上河图》的人都不禁肃然起敬。因为画中任何一个小部分可能都要花很长时间去画,何况是这么长的一幅画。画中有上千个人物,如果说这幅画要花掉张择端一生的时间也不算过分。

(据蒋勋《中国美术史》)

选择正确答案

(1)《清明上河图》主要描写宋代:
    A. 城市的情形   B. 交通的情况

C. 郊外的情况　　　　　D. A 和 C

(2)画上有商船的地方在哪里?
A. 城市里　　　　　　B. 快到城里了
C. 离城市很远　　　　D. 城门里

(3)"赶路"的意思是:
A. 在路上赶动物　　　B. 行程比较快
C. 修理道路　　　　　D. 路上很拥挤

(4)《清明上河图》的风格是:
A. 现实的　　　　　　B. 浪漫的
C. 讽刺的　　　　　　D. 幽默的

(5)从《清明上河图》来看,宋代:
A. 比较落后　　　　　B. 比较发达
C. 比较混乱　　　　　D. 比较公平

(6)作者对《清明上河图》的态度是:
A. 冷冰冰的　　　　　B. 批评性的
C. 赞美的　　　　　　D. 无所谓

参考词语

1. 发芽　　　fāyá　　　　　（动）　植物胚胎发育长大;种子突破种子皮长出来
2. 驮　　　　tuó　　　　　（动）　背
3. 塞外　　　sàiwài　　　 （名）　长城以外
4. 肃然起敬　sùránqǐjìng　　　　　产生严肃敬仰的感觉

阅读 2

九寨沟的魅力

　　九寨沟在四川北部南坪县境内,总面积 6 万多公顷,三条主沟形成 Y 形分布,总长达 60 余公里。由于交通不便,这里几乎成了一个与世隔绝的地方。仅有九个藏族村寨坐落在这片崇山峻岭之中,九寨沟因此得名。这里保存着原始的自然景色,据说在别的地方已经很难见到,因此联合国科教文组织把它列入"世界自然遗产目录"。

　　九寨沟之美在水。这里湖泊很多,当地人叫海子,据说大大小小的海子共有108个,最小的面积不到半亩,最长的长海长7公里多。长海的景色最为动人:近处绿水,清澈见底;远方蔚蓝,平静无波;两岸山树,映入海中。以绿为主调的色彩和周围宁静的环境,使游人好像踏入仙境。

　　这里的湖,水的透明度有的达30米。因这里森林多,地层是石灰岩,含大量碳酸,对水起净化作用。透过清亮的水,湖底的藻类、沉积物和山峰树影一起,呈现出不同的蓝色、绿色,甚至其他颜色,被称为五花海。

　　游九寨沟最好是深秋。这时,山坡树木的树叶除了绿色以外,还呈现出金黄、火红等色彩,五彩缤纷,十分迷人。

(据百度百科文)

1. 判断正误

( )(1) 九寨沟总面积达6万多公里。
( )(2) 九寨沟有三条沟,里面九个村庄。
( )(3) 九寨沟是世界自然遗产之一。
( )(4) "海子"就是湖。
( )(5) 风景最美的是五花海。
( )(6) 碳酸能使水变得更干净。
( )(7) 九寨沟的湖底什么都没有,因此透明度非常高。
( )(8) 秋天到九寨沟能欣赏到五彩缤纷的景色。

2. 说说以下这句话的意思

近处绿水,清澈见底;远方蔚蓝,平静无波;两岸山树,映入海中。

参考词语

1. 寨	zhài	(名)	山区里的小村子	
2. 沟	gōu	(名)	这里指山和山之间最低的地方	
3. 原始	yuánshǐ	(形)	最早的、原来的	
4. 遗产	yíchǎn	(名)	上代人留给下代人的财产	
5. 仙境	xiānjìng	(名)	神仙住的地方	

6. 净化　　jìnghuà　　（动）　使干净

阅读3

最新汽车价格表

根据下列表格回答问题
(1) 表格中价格最高的汽车是什么？
(2) 萨博品牌的汽车最便宜的是多少钱？
(3) 路虎神行者2　3.2的售价是多少？
(4) 表格中有几个汽车经销商？
(5) 价格表中路虎品牌的汽车有几个型号？

品牌	型号	售价	经销商	地址
路虎	揽胜4.2运动增压版	156.8万元	广东中汽南方	广州市天河区东圃大观南路57号之二
路虎	揽胜4.4运动版	133.8万元	广东中汽南方	广州市天河区东圃大观南路57号之二
沃尔沃	S80　2.5T智雅版	49.8万元	广东中汽南方	广州市天河区东圃大观南路57号之二
萨博	Saab9-3 Vector 2.0TS	42.9万元	北京福联通达	北京朝阳区来广营红军营南路217号
萨博	Saab9-3 Vector 2.0TS 敞篷版	63.5万元	北京福联通达	北京朝阳区来广营红军营南路217号
萨博	Saab9-3 Vector 2.0TS 多功能版	45.9万元	北京福联通达	北京朝阳区来广营 红军营南路217号
路虎	发现3　4.4V8 HSE	109.8万元	广东中汽南方	广州市天河区东圃大观南路57号之二
路虎	神行者2　3.2	61.8万元	广东中汽南方	广州市天河区东圃大观南路57号之二
沃尔沃	S80　2.5T智雅版	49.8万元	广东中汽南方	广州市天河区东圃大观南路57号之二
路虎	揽胜4.4运动版	133.8万元	广东中汽南方	广州市天河区东圃大观南路57号之二

路虎	神行者2 3.2	61.8万元	广东中汽南方	广州市天河区东圃大观南路57号之二
沃尔沃	S80 2.5T 智雅版	49.8万元	广东中汽南方	广州市天河区东圃大观南路57号之二
沃尔沃	S80 2.5T 智雅版	49.8万元	广东中汽南方	广州市天河区东圃大观南路57号之二
路虎	揽胜4.4运动版	133.8万元	广东中汽南方	广州市天河区东圃大观南路57号之二
路虎	揽胜4.2运动增压版	156.8万元	广东中汽南方	广州市天河区东圃大观南路57号之二
路虎	神行者2 3.2	61.8万元	广东中汽南方	广州市天河区东圃大观南路57号之二

(据中国汽车网)

第十五课

一、技 能

猜词之四:词语互释(三)

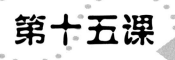
热身活动

全班活动——文化小调查:蠢得像什么一样?

动物在不同的文化中有不同的寓意。比如在中国,猪代表蠢、笨,所以常常听到有人说别人"蠢得像猪一样"。在你的文化里,这句话该怎么说呢?

请全班一起讨论不同文化中的不同动物代表了什么,然后填写下表:

		中国	韩国	越南			
猪		蠢笨					
狐狸		狡猾					
牛		努力					
驴子		倔强					
绵羊		听话					
猴子		顽皮					

请读以下句子并猜测画线词的意思:

(1) 他工作勤勤恳恳,就像老黄牛一样。

(2) 米子乖得跟小绵羊一样。

猜出来了吧?这一课,我们来看看怎么根据一些表示类比的结构来猜词,上面两个

句子就是例句。请看更多例句:

(3) 这个东西呈圆锥形,形状就像一座富士山。

(4) 她慈祥得跟母亲似的。

在上面的句子中,怎么理解"圆锥形"和"慈祥"呢?"富士山"和"母亲"的类比能告诉我们答案。

还有一种情况是,上下文的意义完全一样,这时常用"就是"、"即"、"是一回事"等。如:

(5) 瞎子就是眼睛看不见东西的人。

(6) 荷花即莲花。

(7) 麦克风和话筒是一回事。

"瞎子"、"荷花"、"麦克风"的意思等于"眼睛看不见东西的人"、"莲花"、"话筒"。

练习

1. 对比画线词语来理解它们的意思

(1) <u>航天飞机</u>和<u>太空穿梭机</u>是一回事。

(2) 他说话<u>尖声细气</u>的,就像一个<u>女人</u>。

(3) 他<u>狡猾</u>得跟个<u>老狐狸</u>似的。

(4) 这儿<u>闷</u>得就像一个<u>大火炉</u>。

(5) 他说话太<u>絮叨</u>了,就像一个<u>老太太似的没完没了</u>。

(6) 这个球<u>瘪</u>得跟<u>一颗晒干的葡萄</u>一样。

(7) <u>吃醋</u>也就是<u>嫉妒</u>。

(8) 老北京说的<u>木樨汤</u>其实就是<u>鸡蛋汤</u>。

(9) 香港人说的<u>酒店</u>就是我们北京人说的<u>宾馆</u>或者<u>饭店</u>。

(10) <u>美元</u>即<u>美金</u>,也就是有些人说的<u>美钞</u>。

2. 根据句子上下文填写最可能出现的词语并说明原因

(1) 这个苹果的味道甜得跟_____一样。

(2) 这儿像_____一样美丽。

(3) 她的歌声像_____一样动人。

(4) 早晨交通拥挤,车速慢得好像_____一样。

(5) 这种药一个星期吃七次,即每天吃_____。

(6) 你被开除了,也就是说你以后_____。

(7) _____就是在外国学习的学生。

3. 模仿例句造三个句子
(1) 他倔得跟驴似的。

(2) 她像狐狸那么狡猾。

(3) 那孩子温顺得好像绵羊一样。

二、阅读训练

阅读 1

云南过桥米线

　　米线是用优质大米制成的一种食品,细长、洁白,形状跟米粉、面条差不多。米线是云南人喜爱的小吃,而米线中最有名的要数过桥米线。

　　过桥米线制作精细、用料考究、吃法特殊,云南人非常喜爱。过桥米线的吃法是这样的:服务员给你一碗非常烫的清鸡汤,还有一碗凉的米线,一些青菜、作料,以及切成薄片的生猪肉、火腿、鸡肉、鱼肉甚至海鲜等等。顾客先要把肉类的东西轻轻放入鸡汤中慢慢搅动,过一会儿肉就烫熟了,这时再把青菜、作料也放入鸡汤中慢慢搅动,最后把米线放入鸡汤中慢慢搅动后,就可以吃了。来云南的中外人士,都喜欢品尝这种著名的小吃。

　　过桥米线已有一百多年的历史。传说有一个书生,每天在湖中的小岛上读书,他的妻子把饭菜做好后给他送去。但是,小岛离家很远,还要经过一座很长的桥,做好的饭菜送到时都凉了,妻子很担心书生吃了会生病。一天,妻子煮了一锅鸡汤给书生喝,送到书生那儿时,鸡汤还非常烫,他们觉得有点儿奇怪,仔细一看,原来是鸡汤上那一层鸡油把热气保护住了。这个发现启发了书生的妻子,从此以后,她每天都给书生送一碗非常烫的清鸡汤,再另外带一些米线、青菜、肉片,到了小岛以后再把东西放到鸡汤里。这样,就做成了一碗味道鲜美又热乎乎的米线,书生再也不用吃冷饭了。由于从家里到小岛要经过一座很长的桥,所以这种米线叫做过桥米线。

(据云南人民出版社《云南风物志》)

选择正确答案

(1) 米线是：

  A. 云南生产的一种细长、洁白的大米　　B. 类似米粉的食品

  C. 样子像面包的一种食品　　D. 用优质的大米制成的一种糕点

(2) 吃过桥米线好像：

  A. 没有用到炉子和锅　　B. 要放在鸡汤中煮一会儿

  C. 只吃生的猪肉　　D. 最主要的是吃鸡肉

(3) "一些青菜、作料,以及切成薄片的……"中,"作料"的意思应该是：

  A. 制作食品的主要原料　　B. 使食品更有味道的材料

  C. 食品中的肉类原料　　D. 使食品更好看的材料

(4) 发明过桥米线的是：

  A. 厨师　　B. 来云南的中外人士

  C. 书生的妻子　　D. 服务员

(5) 从本文看,制作过桥米线的关键是：

  A. 肉片和米线要好　　B. 鸡汤要有很多鸡油

  C. 要有一座很长的桥　　D. 鸡汤要非常烫

参考词语

1. 考究	kǎojiu	(形)	精美;讲究
2. 海鲜	hǎixiān	(名)	供食用的新鲜的海鱼、海虾等
3. 搅动	jiǎodòng	(动)	用棍子等在液体中翻动或和弄

阅读2

沉鱼落雁,闭月羞花

  中国历史上有四位著名的美女,她们分别是西施、王昭君、貂蝉、杨玉环。"沉鱼落雁,闭月羞花"指的就是这四位美女。

西施,是春秋战国时期越国的一位美女。传说有一次她在河边洗衣服时,水中的鱼儿因为只顾看她而忘了游水,纷纷沉到河底,西施因此得到了一个"沉鱼"的美称。

王昭君实际上叫做王嫱,昭君是她的字。西汉时期,北方的匈奴单于提出与汉朝和亲。宫女王昭君主动提出愿意嫁到匈奴。在去匈奴的路上,她骑在马上弹琴歌唱,天上的大雁听到这悦耳的琴声,看见美丽的昭君,竟然忘记扇动翅膀而落到地上,昭君从此得到了"落雁"的称谓。

三国时期有一位能歌善舞的美女貂蝉,她是大臣司徒王允的养女。一天晚上,貂蝉在后花园中赏月,徐徐的轻风遮住了明月,王允看见后就到处宣扬:"月亮看见我女儿的美貌,知道比不过就躲到云彩后面了。"貂蝉从此得到了"闭月"这个称号。

唐朝美女杨玉环是唐明皇的贵妃,聪明美丽、能歌善舞。一天,杨玉环在花园散步,看见盛开的鲜花,忍不住伸手去摸。没想到那朵花却收缩起来,叶片也合拢垂下。宫女看见了,就说:"杨贵妃的美貌让花儿都害羞得低下了头。"于是,"羞花"就成了杨玉环的代名词。

(张丽编)

1. 选择正确的答案
(1)"沉鱼"是哪里的美女?
　　A. 战国　　　B. 三国　　　C. 越国　　　D. 吴国
(2)"落雁"指的是:
　　A. 匈奴　　　B. 宫女　　　C. 王嫱　　　D. 王允
(3)貂蝉为什么得到了"闭月"的称号?
　　A. 因为她能歌善舞　　　B. 因为她是大臣的养女
　　C. 因为她喜欢赏月　　　D. 因为她比月亮还要美丽
(4)"羞花"指的是:
　　A. 西施　　　B. 王昭君　　　C. 貂蝉　　　D. 杨贵妃

2. 请说说这四位美女都是什么时期的人

参考词语

1. 和亲　　héqīn　　　　　（动）　　结亲和好
2. 称谓　　chēngwèi　　　（名）　　名称
3. 能歌善舞　nénggē-shànwǔ　　　善于唱歌、跳舞
4. 宣扬　　xuānyáng　　　（动）　　广泛宣传，使大家都知道
5. 合拢　　hélǒng　　　　（动）　　合到一起

阅读3

根据课文回答问题

(1) 文中提到哪两个特别行政区？
(2) 如果不实行计划生育，13亿人口日会在哪年到来？
(3) 虽然生育率低，但中国人口增长的速度为什么还是很快？
(4) 2005年，中国人口占世界人口的多少？
(5) 14亿人口日大概会在什么时候？
(6) 什么时候中国人口总量可能开始下降？

中国人口数量

根据第五次全国人口普查公报，截至2000年11月1日全国总人口为129533万人。其中：大陆31个省、区、直辖市（不包括福建省的金门、马祖等岛屿）和现役军人的人口共126583万人，香港特别行政区人口为678万人，澳门特别行政区人口为44万人，台湾省和福建省的金门、马祖等岛屿人口为2228万人。

国家统计局测算数据表明，2005年1月6日，中国人口总数达到13亿（不包括香港、澳门特别行政区和台湾省），约占世界总人口的21%。由于实行计划生育，中国13亿人口日的到来推迟了4年。

庞大的人口数量一直是中国国情最显著的特点之一。虽然中国已经进入了低生育率国家行列，但由于人口增长的惯性作用，当前和今后十几年，中国人口仍将以年均800～1000万的速度增长。

按照目前总生育率1.8预测，2010年和2020年，中国人口总量将

分别达到13.7亿和14.6亿。人口总量高峰将出现在2033年前后,达15亿左右。

(据百度百科)

参考词语

1. 普查	pǔchá	(动)	由国家组织进行的大规模调查,目的是统计人口数量以及获得其他与人口有关的信息
2. 现役军人	xiànyì jūnrén		正在军队里服役的军人
3. 统计	tǒngjì	(动)	收集、整理有关数据,并进行计算和分析
4. 惯性	guànxìng	(名)	物体保持自身原有运动或静止状态的性质。如汽车突然停了下来时,人会往前冲几步,这就是因为惯性的作用

阅读4

神七真神奇

神舟七号太空飞船2008年9月底成功发射。宇航员翟志刚也成功地成为首个在太空行走的中国人。在相当长的一段时间里,神七的成功引起了广泛的关注。那究竟神七有多神奇?为什么会吸引那么多人的注意力?下面我们就简单说说神七的神奇之处吧!

神奇之一:神州七号实现了宇航员出舱太空行走的梦想。翟志刚成功地出舱并进行了太空行走。他的太空一小步,却是中国航天事业的一大步。

神奇之二:神七的费用比神六还要低。据专家介绍,神六总共用了9亿人民币。尽管神七在技术上的要求高了很多,但是神七用的钱明显没有神六多。这是因为神七在建造的过程中参考了很多神六成熟的技术,它的费用就很明显地减少了。

神奇之三:发射神舟七号飞船的仍然是长征二号F型运载火箭,

此前这种火箭已经成功地将六艘神舟飞船送入太空,具有成熟的技术基础。针对前几枚火箭的飞行情况,科研人员还对这枚火箭进行局部改进,来进一步提高火箭的可靠性。此外,他们还在火箭上增加一些摄像头。

(据百度百科)

1. 判断正误
( )(1) 神舟七号发射的时间是2007年的9月底。
( )(2) 神舟七号受到很多人的关注。
( )(3) 翟志刚是第一个在太空行走的人。
( )(4) 神七的价格要比神六的贵,因为神七技术要求高。
( )(5) 发射神七的火箭上面有摄像头。
( )(6) 发射神七飞船的火箭就是发射神六的那个。

2. 根据课文回答问题
"神七"是什么的简称?"神六"呢?

参考词语

1. 神奇　　shénqí　　（形）　非常奇妙的
2. 关注　　guānzhù　　（动）　关心重视
3. 成熟　　chéngshú　（形）　表示一样东西长大了
4. 火箭　　huǒjiàn　　（名）　利用发动机反冲力推进的飞行器
5. 局部　　júbù　　　（名）　整体中的一部分

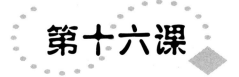

第十六课

一、技 能

猜词之五:通过上下文推测生词(一)

热身活动

四个同学一个小组,一起完成以下任务:

1. 阅读以下段落,讨论一下什么是"能量"

乌龟两年不吃食物,仍然会抬头观望,若无其事;鳄鱼七百天滴水不进,仍然能行走自如;青蛙四百天不吃不喝,还能活着。蛇在冬季到来以前,尽量多地吃东西,把能量储存起来,它在冬眠时基本上处于静止状态,经过一百五十多天的冬眠,体重仅下降2%。

2. 推测画线部分的词义

(1) 有的动物有特殊的<u>节能</u>本领,它们在遇到困难时,用冬眠、停止活动等方法来降低<u>能量消耗</u>。

(2) 蛇是变温动物,它直接利用<u>太阳能</u>,省去一些能量消耗。

3. 用上面画线词语填空

(1) 马拉松长跑_____很大,需要有充分的准备。

(2) 这种灯泡虽然贵,但它是_____灯泡。

(3) _____和风能是绿色能源。

通过完成上述任务,大概已经可以意识到某一个生词处于上下文的语境中,读懂了上下文,能够理解全句或全文,就有可能猜出生词的大致意思。这样的情况主要有三种:

一是通过句法的搭配关系来猜。比如:"他刚才吃了两块萨其马。""萨其马"在动词"吃"的后面,一定是一种吃的东西。

二是通过前后句子的意思来猜。比如:"那个电影糟透了,很多人没看完就走了。"从后边的句子我们不难猜出"糟透"应有"非常差"的意思。

三是通过前后两个分句的对立意义来猜。比如:"我们应该平等地看待妇女,而不应该歧视她们。"从"应该"和"不应该"的对立意义,可以推出"歧视"跟"平等地看待"意思也是对立的,"歧视"应有"不平等地看待"的意思。

本课先做一些综合练习,让大家熟悉这三种情况。后面三课我们再分别做更多的练习。

练习

1. **根据上下文线索推测画线词语的意思**
(1) 我尝了尝这里农民吃的窝窝头,不甜又不咸,我不喜欢。
(2) 打完球,口渴得很,我一口气喝了两罐露露。
(3) 吃了郑医生开的三九胃泰,现在我的胃病好多了。

2. **用上面画线词语填空**
(1) _____ 在药店就可以买到。
(2) _____ 一般是用玉米面做的。
(3) 我给你倒一杯 _____ 。

3. **根据上下文线索推测画线词语的意思**
(1) 中央芭蕾舞剧团的演出精彩极了,昨天晚上我看了一场,现在还想再看一场。
(2) 这个饭馆做的清蒸鱼特别鲜美,很多顾客都点这道菜。
(3) 林海平总是不愿意回家,因为他跟妻子不和睦,在一起老吵架生气。

4. **用上面画线词语填空**
_____ 的节目　　　_____ 的羊肉汤　　　_____ 的家庭
味道_____　　　关系_____　　　讲课讲得很_____

5. **根据上下文推测画线词语的意思**
(1) 她外表美丽,内心丑陋。
(2) 你不要这么懒惰,应该帮妈妈做些事,洗洗碗、扫扫地什么的。
(3) 北方男人高大威武,南方男人矮小文弱。

6. **用上面画线词语问答问题**
(1) 你们国家的女性一般愿意找什么样的男朋友?

(2) 你认为学习成绩不好的最大原因是什么？
(3) 随地吐痰是一种什么样的行为？

7. 根据上下文线索填上最可能出现的词语

(1) 王教授的报告非常_____,听众一次又一次地鼓掌。
(2) 妈妈炒的菜很_____,孩子们吃了很多。
(3) 星期天我又擦窗户又拖地,简直比上班还_____。
(4) 你吃了这种_____,咳嗽很快就会好的。
(5) 我的自行车被朋友_____走了,今天只好走路上班了。
(6) 大家都说这件衣服的样式好看,可是我觉得_____。
(7) 我现在饿极了,四碗饭都能_____完。
(8) 张文坐出租汽车去飞机场,可是路上堵车,飞机很快就要起飞了,他_____得要命。

二、阅读训练

阅读 1

可食餐具

根据短文填空

(1) 可食餐具是用_____做成的。
(2) 可食餐具是_____先生发明的。
(3) 研制这种可食餐具用了_____时间。
(4) 这种可食餐具每天可以卖出_____只。
(5) 每件可食餐具可卖_____钱。

在台湾一些地方的餐馆或咖啡馆,顾客吃光食品以后,还可以吃掉自己面前盛食物的盘子。这种可以食用的盘子是用燕麦制作的富有营养的一次性餐具。它的发明者是台湾企业家陈良烈先生。

今年50岁的陈先生为了研制这种可食餐具,花了十年工夫和近一百五十万美元。功夫不负有心人,他的努力终于获得了成功。现在他的公司每天销售四万只这种粮食制作的盘子和钵子,每件约卖七美分。陈先生认为他所发明的一次性可食餐具不仅营养丰富,而且合乎卫生标准,同时对周围环境没有害处,有着其他餐具所没有的优点。

(据《中国烹饪信息》)

参考词语

1. 燕麦　　yànmài　　（名）　　一种粮食
2. 销售　　xiāoshòu　　（动）　　卖出（商品）
3. 钵子　　bōzi　　（名）　　陶制的器具,用来盛饭、菜、茶水等

阅读 2

扇 子 语

对于西班牙妇女来说,扇子可不仅是扇风送爽的工具,另外一种用处就是她们常借一方纸扇,表达不便说出口的心思。当她打开扇子,把脸的下半部遮起来时,这意味着她问:"你喜欢我吗?"或者说:"我爱你。"如果她一个劲儿地快速扇扇子,则表示"请离开我";如果把扇子一会儿打开一会儿合上,那则表示"我非常想念你";如果把扇子在手中翻来翻去,等于告诉你:"你太讨厌了。"如果把扇子扔在桌上,等于告诉你:"我不喜欢你,我爱的是别人。"如果在男友面前打开扇子支着下巴,意思是"我希望下一次跟你早点儿见面"。

(据《北京日报》)

在短文中迅速查找答案

(1) 西班牙妇女打开纸扇遮住脸的下半部表示什么意思?
(2) 如果要表示"请你离开我",西班牙妇女可以怎么做?
(3) 西班牙妇女把扇子一会儿打开一会儿合上,表示什么意思?
(4) 如果要表示"我不喜欢你,我爱的是别人",西班牙妇女可以怎么做?

参考词语

1. 遮　　　　zhē　　　　（动）　　遮挡
2. 一个劲儿　yígejìnr　（副）　　表示不停地连续下去
3. 支　　　　zhī　　　　（动）　　撑，抵住
4. 下巴　　　xiàba　　　（名）　　下颌的通称

阅读 3

饮食应少肉多鱼

吃肉好还是吃鱼好，长期以来看法不同。最近，几位营养学家在研究观察以后发表了他们的看法。

他们认为，长期大量吃肉会引起人体的"巨型化"；另一方面，还会导致大脑体积逐渐变小，这可能将影响今后智力的发展。所以，应该从现在起纠正大量吃肉的不良习惯，以控制这种不良的影响。

那么，哪些是对大脑发育有好处的食物呢？它们是鱼、虾、贝、螺、蟹等水产食物，以及菜油、葵花籽油等含丰富不饱和脂肪的植物。不饱和脂肪是形成脑细胞——原生质的基础物质，对大脑的发育是有好处的。

于是，这些专家指出，为了提高人类的聪明才智，应当少吃肉多吃鱼。

（据《家庭医生》）

判断正误

（　）（1）人们一直认为吃肉比吃鱼好。
（　）（2）吃肉会使大脑体积变小。
（　）（3）水产食品对大脑发育有好处。
（　）（4）菜油对大脑发育没有好处。
（　）（5）专家们的看法是应当少吃肉多吃鱼。

参考词语

1. 巨型　　jùxíng　　　　　　体积非常大
2. 体积　　tǐjī　　　（名）　物体所占空间的大小
3. 智力　　zhìlì　　（名）　指人认识、理解客观事物并运用知识、经验等解决问题的能力
4. 纠正　　jiūzhèng　（动）　改正(思想、行动、办法等方面的缺点、错误)

阅读 4

比尔先生

　　从美国来的比尔先生，因为语言问题在中国出了不少笑话。

　　刚到第一天，他就有一个新发现：中国人一点儿也不像听说的那样谦虚，街上到处都写着"中国很(银)行"、"中国工商很(银)行"、"中国农业很(银)行"。

　　又有一天，他上市场买菜，卖菜的把菜捆好给他，比尔友好地说："谢谢！"卖菜的说："不用谢！"比尔听了，搞不懂了：不用"谢"字，那应该用什么字呢？

　　有一次，他一个人上街，看到街上很多地方都写着两个字：早点。回来以后，他很兴奋地对朋友说："中国人真爱惜时间，上班的人已经那么早出去了，还要催：'早点！早点！'"

　　后来，他在街上看到两个骑自行车的人碰着了，互相打声招呼："他妈的！"就骑自行车走了。他很奇怪：这跟母亲有什么关系？

(据《羊城晚报》)

选择正确答案
(1) 这篇短文的主要内容是什么？
　　A. 比尔先生在中国出的笑话
　　B. 比尔先生在中国生活上的问题
　　C. 比尔先生在中国工作上的问题
　　D. 比尔先生在中国学习上的问题

(2) 比尔先生因为什么闹笑话?
　　A. 习惯问题　　　　　　　B. 语言问题
　　C. 买菜问题　　　　　　　D. 文化问题
(3) 这篇短文写了比尔先生的几个笑话?
　　A. 一个　　B. 两个　　C. 三个　　D. 四个
(4) 第三段写比尔先生弄错了什么?
　　A. 生词　　B. 汉字　　C. 文化知识　　D. 发音
(5) 第四段写比尔先生弄错了哪个词的意思?
　　A. 不用谢　　B. 早点　　C. 他妈的　　D. 马马虎虎

参考词语

爱惜　　àixī　　（动）　　因重视而不浪费

阅读 5

囚　爱

　　有一对男女囚犯,在监狱里相恋了17年,终于等到了释放、结合的这一天。

　　有人把这个故事改编成电影,电影把事实放大了一倍,男女主角在监狱里相恋了35年。他们在监狱劳动时、在礼堂听广播时都用眼神交流。两颗原本绝望的心,在一个没有自由的地方,找到了互相安慰的方式。

　　有意思的是在这部电影的新闻发布会上,请来了故事的原型人物,讲述他们与众不同的爱情故事。但就在发布会开到一半,台上台下大家都感动得一塌糊涂时,有人宣布了一个惊人的消息,其实现实中的这对夫妻已经离婚了……

　　离婚的事演员们以前都不知道,女主角的扮演者听说后脸色大变:我的梦破了!她承认,幸好拍戏的时候不知道,否则可能会对情绪有影响。

　　在囚禁中爱,一旦囚禁没有了,爱就要重新接受考验。有人因囚而爱,也有人因爱而囚。

西南农村有一个妇女,因为贩毒被抓住,她贩毒的原因是她的丈夫因为贩毒被关进了监狱,她很爱丈夫,她想只要自己也去贩毒,就同样可以进去,就能和丈夫天天在一起了。她很年轻,家里还有孩子,可她却只能眼巴巴地在监狱里盼着和丈夫见面。

囚爱是一种限制。也许真正天长地久的爱情都需要限制,都是囚爱。限制有外在的,比如监狱;也有内心的,比如责任,比如良心。你没有办法否认那也是囚爱。

(据《羊城晚报》莫小米文)

1. 在课文中找出带语素"囚"的词语并解释它们的意思

2. 选择正确答案
(1) 在电影中,男女主角在监狱里:
    A. 相恋了 17 年   B. 用眼神交流
    C. 找到了一个自由的地方   D. 对生活绝望了
(2) 现实中,这对男女:
    A. 相恋了 35 年   B. 亲自演了这部电影
    C. 已经离婚了   D. 互相安慰
(3) 女主角的扮演者知道故事原型离婚的事以后怎么样?
    A. 很害怕   B. 很苦恼
    C. 很伤心   D. 很失望
(4) 西南农村的那个妇女贩毒的原因是什么?
    A. 她自己也吸毒   C. 她年轻不懂事
    C. 她想和丈夫天天在一起   D. 她想赚钱
(5) 文章的主要观点是什么?
    A. 爱情需要限制
    B. 爱情经不起考验
    C. 监狱里的爱情是真正的爱情
    D. 责任和良心是爱情的"监狱"

参考词语

1. 释放　　　　shìfàng　　　　　　（动）　　这里指从监狱里出来,获得人身自由
2. 与众不同　　yǔzhòngbùtóng　　　　　　和大多数情况不一样
3. 一塌糊涂　　yìtāhútú　　　　　　　　　非常混乱或糟糕,到不可收拾的地步
4. 贩毒　　　　fàndú　　　　　　（动）　　卖毒品
5. 天长地久　　tiāncháng-dìjiǔ　　　　　　形容永远不变（多指爱情）

第十七课

一、技　能

猜词之五:通过上下文推测生词(二)

热身活动

全班同学分两组做宾语接龙的游戏。具体做法是:老师说出动词,两个小组的同学轮流说出宾语,直到其中一个小组说错或说不出来,那个小组输一局;老师再说一个……五个动词之后,看哪个小组胜利。

备选动词:读　唱　喝　闻　弹　跳　爬　偷　敲　打

前一课我们简单介绍了通过上下文推测生词的主要三种情况,本课我们做一些练习来进一步熟悉第一种情况——通过句法搭配关系推测。

利用句法搭配关系,再加上上下文意思上的限制,我们可以更精确地推测出生词的意思。比如:"妈妈在厨房焖牛肉,我在房间都闻到了香味。"从上句的句法搭配关系,我们可以猜出"焖"是处理牛肉的一个动作,再从下句的意思,我们可以进一步猜出"焖"是把牛肉做熟的一种方法,不是洗,也不是切。

练习

1. 根据句法搭配关系推测画线词语的意思并将其大致意思写在括号里
(1) 我特爱吃柿子,可有朋友告诉我柿子不能多吃,而且一定要饭后吃。(　　　　)
(2) 医生让他打青霉素。(　　　　)
(3) 大夫给王明开了雷尼替丁,一天三次,每次十五毫升。(　　　　)
(4) 他很能喝,一次能喝一瓶小糊涂仙。(　　　　)
(5) 李芳准备唱《潇洒走一回》。(　　　　)
(6) 朋友请我抽红塔山。(　　　　)

(7) 孩子放开手,鹦鹉飞走了。(　　　)
(8) 昊昊在美国开了个公司。(　　　)
(9) 晚会上,张文跟林红一起跳探戈。(　　　)
(10) 中午,姐姐在厨房剁肉,吵得我睡不着午觉。(　　　)

2. 根据上下文线索填上最可能出现的词语
(1) 村民们赚到了钱,家家都_____起了楼房,有的_____上了小汽车。
(2) 这些苹果是刚从树上_____下来的,很新鲜。
(3) 李阳高三毕业,_____进了北京大学经济学院。
(4) 那位80岁的老作家也开始用电脑_____。
(5) 这位年轻的妈妈每天要上班,下班以后还要买菜、做饭、照顾_____。
(6) 好朋友周玲在四川旅游时买回来很多_____,送了一些给我。
(7) 他的力气很大,连电冰箱也_____。
(8) 在报纸上看到中国乒乓球队又在国际比赛中得冠军的_____,我高兴得跳了起来。
(9) 孩子第一次_____家,妈妈非常担心,常常给他打电话。

二、阅读训练

阅读 1

北京 2008 年残奥会会徽

北京2008年残奥会会徽的主题是:天、地、人和谐统一。它把中国的文字、书法和残疾人奥林匹克运动精神合为一体,体现了中国传统文化和现代奥林匹克运动精神,也体现了"心智、身体、精神"和谐统一的残疾人奥林匹克运动精神,具有深刻的意义。

会徽图案部分由红、蓝、绿三种颜色构成"之"字形,它表现了一个运动的人,好像一个向前跳的体操运动员,又像一个正在鞍马上跳跃的运动员。这一切都体现了运动的概念。

会徽使用的三种颜色,也有其特别的意义。其中,红色表示太阳,深蓝色表示蓝天,绿色表示大地。三种颜色的三个笔画综合起来成为一个运动的人形,意思就是"天地人",体现了中国传统文化中的"天人合一"的思想。除了这些意思之外,这三种颜色还有其他的意义:红色,具有中国特色;深蓝色,代表高科技;绿色,代表环保。

北京2008年残奥会会徽"天地人"以汉字作为会徽图案,北京2008年奥运会会徽"中国印·舞动的北京"以印章作为会徽图案,"中国字"和"中国印"都是中国传统典型的文化元素,很有中国文化特色。它们两者都表达了同样的意思,艺术风格也基本一致。

根据文章回答问题
(1) 北京残奥会的主题是什么?
(2) 残奥会的精神是什么?
(3) 残奥会的会徽由哪三种颜色组成?
(4) 残奥会会徽用的三种颜色体现了中国传统文化中的什么思想?
(5) 残奥会的会徽和奥运会的会徽之间有什么共同之处?

参考词语

1. 残奥会	Cán'àohuì	(名)	"残疾人奥运会"的简称
2. 会徽	huìhuī	(名)	某些会(如运动会)的特征标志;某些组织的会员所带的小牌子,以表示该会特征身份的标志
3. 鞍马	ānmǎ	(名)	一种体育器材,形状很像马。背上有两个半圆环,可以调整高度,用来做体操运动

阅读2

"购物天堂"香港

香港是世界上有名的"购物天堂"。它是一个实行自由贸易的自由港,大部分货物进出口都没有关税,因此同样的商品它就比世界上其他地区的便宜一些。许多人来到香港都会买大量的东西,这也带动了香港本地的经济,使它成为世界上一个重要的商业中心。

香港既有专门卖高档商品的购物中心,也有很多卖便宜货的小铺子,适合不同顾客的需要。但要小心的是:和世界上其他地方一样,香港也有一些商店经常会欺骗消费者,这样的商店多数在一些旅游者比较集中的地方,例如尖沙咀、铜锣湾等。但是有名的大商店信誉都很好,服务质量也很高,完全可以放心。"一分价钱一分货"这句老话是有些道理的,顾客受骗常常是从贪便宜开始的。当你发现受到欺骗时,一定要向当地的有关部门报告,香港消委会的一句宣传口号说得好:"消费权益在你手,据理力争要开口。"

(据高等教育出版社《粤语区人学习普通话教程》)

判断正误

( )(1) 香港的商品比其他地区的便宜是因为大部分货物进出口都没有关税。
( )(2) 一般到香港来的人不会买很多东西。
( )(3) 香港的商店都很高级。
( )(4) 那些欺骗顾客的香港商店主要在旅游者比较集中的地方。
( )(5) 顾客受骗常常是因为他们想买便宜的东西。
( )(6) "香港消委会"是"香港消防委员会"的简称。
( )(7) "消费权益在你手,据理力争要开口"是一句俗语。

参考词语

1. 信誉	xìnyù	(名)	信用和名誉
2. 口号	kǒuhào	(名)	供口头呼喊的、有纲领性和鼓动作用的短句子
3. 权益	quányì	(名)	应该享受的不可侵犯的权利
4. 据理力争	jùlǐlìzhēng		依据道理,竭力维护自己的权益、观点

阅读 3

京剧的来源

　　京剧是我国流行最广、影响最大的剧种。它是由多种地方戏在北京融合、发展而成的,约有一百多年的历史。
　　京剧的产生要从徽戏说起。1790 年,是清朝的乾隆皇帝八十岁生日,他要全国各地著名的戏班子进京表演。三庆、四喜、春台、和春四个徽戏班子在北京受到热烈欢迎,之后,他们继续留在北京演出。1830年,湖北的汉剧也进入北京。汉剧与徽剧有共同的来源,所以常常合作演出。汉剧的唱腔是西皮调,徽剧主要是二黄调。他们互相学习,并且不断吸取其他剧种的精华,又根据北京观众的要求和北京语言的特点,创造出南北观众都能接受的戏剧语言——韵白。这样,京剧就形成了自己独特的风格,最初称为"皮黄"或"京调"。1840年前后,京剧便成为继昆曲之后在全国风行的主要剧种。到了同治、光绪年间(1862~1908年),京剧便盛行全国。

京剧比其他剧种更突出了戏曲集中、概括和夸张的特点,形成了唱、念、做、打一套完整体系和统一风格,表演时具有鲜明的色彩和强烈的节奏感。

(据湖北人民出版社《中国文化知识精华》)

1. 选择正确答案
(1) 这篇文章的主要内容是:
   A. 京剧的形式与特点   B. 京剧与徽戏的关系
   C. 京剧表演的内容   D. 京剧形成的历史
(2) 京剧是在哪里形成的?
   A. 湖北   B. 安徽   C. 北京   D. 昆明
(3) 京剧受哪种戏曲的影响最大?
   A. 汉剧   B. 徽剧   C. 昆曲   D. A和B
(4) 京剧现在流行的地区主要在:
   A. 北方   B. 全国   C. 南方   D. 北京
(5) 徽班进京约在:
   A. 一百多年以前   B. 二百多年以前
   C. 八十年以前   D. 清朝同治、光绪年间
(6) 在京剧流行以前哪种戏曲影响最大?
   A. 汉剧   B. 徽剧   C. 昆曲   D. A和B

2. 回答问题
请问第二段中的"皮黄"是什么的简称?

参考词语

1. 戏班子　　xìbānzi　　（名）　　旧时的戏剧演出团体
2. 来源　　　láiyuán　　（名）　　事物所从来的地方；事物的根源
3. 夸张　　　kuāzhāng　（形）　　突出描写对象的某些特点；夸大
4. 节奏　　　jiézòu　　　（名）　　音乐中交替出现的有规律的强弱、长短现象

阅读 4

送书的故事

送书不但要看对象，有时还要看看时间、地点、环境。

送的书被人丢掉，或被人卖到旧书店，这是极平常的事，送书人不必伤心，还有送书而挨骂的呢！

据说有一位送书人拿着他的一本"心血"，上门去送给一位"有名人物"。当时这位"有名人物"正在打麻将，他打得很顺利，连连叫和，赢了很多钱，看到送书人到来，连叫："请坐！请坐！""冲茶来！"他满面春风地接过了这本书，随手放在一边。

送书人坐了一会儿，就告辞了。"有名人物"继续打麻将，不知为什么从此变得不顺利，一输再输。他旁边一个人对他说："头儿，你知道你为什么从赢变成输吗？"

"我怎么知道？"

"送书就是送输，你接到了书，所以就要大输。"

"×××……"一连串国骂在这位"有名人物"口中吐了出来，他一扬手把书扔掉，扔得很远很远！

我们没有必要去研究这件事的真实性，权且当做小小说来谈好了。不过，送书确实要会看环境。

（据《散文》）

选择正确答案

(1) 作者的主要看法在文章的什么地方？

    A. 题目   B. 第一段   C. 第三段   D. 第四段

(2) 第三段"心血"指什么？

    A. 书   B. 钱   C. 花   D. 金子

(3) 倒数第二段"×××……"是什么？

    A. 一般的谈话   B. 表扬人的话

    C. 骂人的话   D. 吐食物的声音

(4) "有名人物"什么时候骂人？

    A. 送书人进门的时候   B. 大家一起喝茶的时候

    C. 打麻将赢了的时候   D. 打麻将输了的时候

(5) "有名人物"为什么骂送书的人？

    A. 因为"书"和"输"同音   B. 因为他不喜欢那本书

    C. 因为那本书骂"有名人物" D. 因为那本书不漂亮

参考词语

1. 麻将   májiàng   （名）   一种牌类娱乐用具
2. 和   hú   （动）   打麻将赢了
3. 告辞   gàocí   （动）   向主人辞别

阅读 5

麻婆豆腐的传说

    传说古时候成都有个万宝酱店，老板姓温，有一个女儿，名叫巧巧。这巧巧就像她的名字一样，心灵手巧，是个谁见谁夸的好姑娘，只可惜长了一脸麻子。巧巧长大以后，跟附近一个油坊的陈老板结了婚。陈老板以前是个穷苦人，不嫌妻子脸上有麻子，夫妻俩相敬如宾，共同努力，日子过得很不错。

    不幸的是，结婚以后没几年，陈老板就在一次运油的路上意外死去。巧巧忍住悲痛，和小姑子一起没日没夜地干。可是，油坊里都是力气活,女人哪儿干得了?油坊终于关门了。

邻居们见这姑嫂俩实在可怜,就经常给她们送点儿吃的。特别是两边的豆腐坊和羊肉店,过年过节时总不忘给她们送些豆腐和羊肉。巧巧和小姑子商量:"邻居们这么照顾我们,我们请大家吃顿饭吧。"小姑子说:"嫂子说得对!我也总想这样吃别人的不好意思。可是我们拿什么请客呢?"姑嫂俩想了很久,终于想出了一个主意:把邻居送来的羊肉切得小小的,再加上自己种、自己做的麻辣香料,和豆腐一起炖,就成了香辣美味的羊肉豆腐。请客那一天,邻居们都来了,吃着巧巧姑嫂做的这种菜,大家赞不绝口。

从此,巧巧姑嫂就把自己住的房子改成了小吃店,专卖这种香辣美味、价廉物美的羊肉豆腐,生意好极了。后来,人们为了纪念巧巧,就把这种菜叫做"麻婆豆腐"。

(据《广东商报》)

选择正确答案

(1) 第一段"相敬如宾"是什么意思?
    A. 互相尊敬像对宾客一样　　B. 关系冷淡,像宾客一样
    C. 如果宾客来了要互相尊敬　D. 如果宾客走了要互相尊敬

(2) 巧巧是谁的女儿?
    A. 油坊陈老板　　B. 酱店温老板
    C. 豆腐坊老板　　D. 羊肉店老板

(3) 巧巧是谁的妻子?
    A. 油坊陈老板　　B. 酱店温老板
    C. 豆腐坊老板　　D. 羊肉店老板

(4) 陈老板的油坊为什么不开了?
    A. 陈老板不想开了　　　　　B. 陈老板的妻子不想开了
    C. 陈老板死了,他妻子没法开　D. 陈老板的妻子死了,陈老板没法开

(5) 巧巧为什么想请邻居们吃饭?
    A. 她赚了很多钱　　　　B. 她生了一个儿子
    C. 她生了一个女儿　　　D. 为感谢邻居们照顾她和小姑子

(6) 第三段"炖"是什么意思?
    A. 一种洗菜方法　　B. 一种做菜方法
    C. 一种吃菜方法　　D. 一种买菜方法

(7) 人们为什么把巧巧做的那种菜叫做"麻婆豆腐"?
    A. 因为巧巧脸上长有麻子　　B. 因为小姑子脸上长有麻子

C. 因为那种菜很像麻婆　　　　D. 因为那种菜有麻辣香料

(8) 做麻婆豆腐时不需要哪种东西？

A. 豆腐　　　B. 羊肉　　　C. 芝麻　　　D. 麻辣香料

参考词语

1. 麻子　　　　mázi　　　　　（名）　　脸上一点一点的疤痕
2. 坊　　　　　fáng　　　　　（名）　　小手工业者的工作场所
3. 悲痛　　　　bēitòng　　　　（形）　　很伤心
4. 价廉物美　　jiàlián-wùměi　　　　　　价钱便宜可是东西很好

第十八课

一、技　能

猜词之五：通过上下文推测生词（三）

热身活动

1. 先阅读句子，再回答问题

四到七岁，正是孩子发展社会交际能力的时候，通过与年龄差不多大的孩子一起玩儿和参与社会活动，可以培养孩子健全的人格。

2. 以下哪种工作最需要交际能力？
   A. 电脑编程员　　　B. 工程师　　　C. 商人　　　D. 大学教授

3. 小组讨论

（1）交际能力对于外语学习重要吗？

（2）小组中交际能力强的同学小时候是否常常跟小朋友一起玩儿？相反，交际能力弱的同学又怎么样呢？

这一课我们进一步熟悉通过上下文推测生词的第二种情况——通过前边或后边的句子的意思推测。

（1）朱大康家一贫如洗，破旧的房子里连件像样的家具都没有。

（2）小王每天晚上学到十二点，星期六、星期天也不休息，非常勤奋。

从后面的句子我们可以猜出"一贫如洗"是很穷的意思，而从前面句子我们可以猜"勤奋"是"努力"的意思。

练习

1. 根据前后句子推测画线词语的意思并用这个词语回答问题

（1）李刚想读中文系,又想读法律系,很<u>犹豫</u>。

问题:你在什么情况下会犹豫?

（2）陈天来有漂亮的楼房,开奔驰小汽车,办大工厂,开大公司,是这个地方的<u>富豪</u>。

问题:你认为富豪应该多出钱帮助穷人吗?

（3）张云从不跟人打招呼,也不帮助别人,昨天她的同屋发高烧,她像没看见一样,对人非常<u>冷漠</u>。

问题:有人说现代人变得越来越冷漠,你同意吗?

（4）这孩子两岁多了,还不会说话,也不会走路,他妈妈担心他<u>弱智</u>。

问题:人在什么时候容易变得弱智?

（5）邻居家那个三岁的小女孩身体真<u>差劲</u>,上个月才住了一次医院,最近又住院了。

问题:服务差劲的表现是什么?

（6）林军是个<u>马大哈</u>,上课时常常带错课本,今天下课回宿舍时又忘了把笔拿走。

问题:你是一个马大哈吗?

（7）王医生医术<u>精湛</u>,找他看病的人特别多,有的病人天没亮就到医院排队挂号。

问题:厨艺精湛的厨师做出来的菜怎么样?

（8）听到这个<u>噩耗</u>,李芳饭也吃不下,觉也睡不着,伤心地哭了三天三夜。

问题:对你来说,什么消息可以算是噩耗?

2. 根据上下文线索填上最可能出现的词语

（1）得知跟自己相亲相爱的丈夫在出差路上不幸发生了意外,马文英_____。

（2）凤凰牌自行车质量_____,我家那辆已经骑了十几年了,一点儿问题也没有。

（3）我去朋友家,朋友给我倒了一杯_____,喝了以后又凉快又解渴。

（4）这个非洲国家药品非常_____,很多病人买不起药。

（5）张明得了_____,被送进医院治疗。

（6）玛丽只学了半年汉语,哪儿_____这么难的文章?

（7）我那五岁的儿子把我最喜欢的花瓶弄到地上_____了。

（8）他是个乐观的人,看事情往往看_____的一面。

二、阅读训练

阅读1

长沙东站客运班车时刻表

迅速查找答案
(1) "长东"是什么的简称?
(2) 长东到铜古的汽车有多少班?
(3) 长东到宜丰最早一班车是几点开出?
(4) 长东到汨罗一共有多少班车?
(5) 长东到仙桃的车几点开出?
(6) 长东到云田最晚的一班车是几点开出?

营运路线	班次	发车时间	营运路线	班次	发车时间
长东—赣州	1	15:00	长东—九江	1	6:50
长东—合肥	1	10:20	长东—监利	1	7:00
长东—通城	1	10:30	长东—仙桃	1	7:00
长东—高安	1	8:30	长东—仙游	1	11:00
长东—汉口	1	7:20	长东—南江桥	1	13:10
长东—石首	1	7:30	长东—虹桥	1	9:30
长东—云田	3	11:00 14:10 15:00	长东—万载	4	7:30 13:40 14:20 15:30
长东—洪湖	1	7:50	长东—磊石	4	9:00 12:30 13:30 14:40
长东—宜丰	3	6:50 7:50 14:40	长东—临宜	1	17:00
长东—修水	2	7:50 11:00	长东—白马	1	11:50
长东—南昌	3	8:00 10:00 17:30	长东—东门	1	10:00
长东—铜古	2	8:00 14:00	长东—杨林寨	1	14:50
长东—黄石	1	8:40	长东—长寿街	2	7:40 13:40
长东—潜江	1	7:30	长东—汨罗	16	8:20 8:50 9:20 10:10 10:30 10:50 11:20 12:20 13:20 13:50 14:40 15:20 15:50 16:20 16:50 17:20

阅读 2

钓鱼的最佳时间

迅速查找答案
（1）一年中哪几个月是钓鱼的最好月份？
（2）夏天和秋天一天中哪几个小时钓鱼最好？
（3）冬天一天中哪几个小时钓鱼最好？
（4）从温度上看，温度多高时钓鱼好？

　　季节和天气对钓鱼有很大影响。从全年看，农历三至十月是最适合钓鱼的季节。因此，民间说："阳春三月好钓鱼，霜降前后正捉鳖。"三月以后，天气慢慢变暖，水温不断升高，鱼儿经过冬天的休息以后，开始找食物吃，越来越活跃，所以好钓鱼。

　　从一天看，夏天和秋天最适合钓鱼的时间是上午六点至九点，下午四点至七点。除阴雨天以外，只有夏初和秋末才能全天钓鱼。冬天能钓鱼的时间是上午十点以后，下午三点以前。因此，民间说："夏秋钓早晚，寒冬钓午时。"夏秋两季的夜晚也可以钓鱼，只是鱼儿没有白天活跃，同时要准备好钓灯。

　　从温度上看，一般温度在 15℃～30℃ 比较好，而且要求温度不要变化太快、太大。夏秋季节，暴雨过后，空气非常新鲜，虽然温度比较高，仍然是钓鱼的好时机。

（据《大众卫生报》）

参考词语

1. 活跃　huóyuè　　　（形）　　行动活泼而积极
2. 暴雨　bàoyǔ　　　 （名）　　大而急的雨

阅读3

"退稿"的启示

俗话说:牙齿和舌头难免相碰。夫妻之间在一起生活,肯定会有矛盾。

一次,我和妻吵了一架,一连几天我没理她。妻很生气,写了一份报告,说要离婚。我觉得好笑,想跟妻开个玩笑,可是见到她那难看的脸色,心想也就算了。怎么样跟妻子和好呢?正当我考虑这个问题的时候,忽然收到某报寄来厚厚的一封信,打开一看,是退稿,里边有一封冷冰冰的打印退稿信,上面连姓名也没填:"××同志,来稿收到,经研究不拟采用,特此退还。谢谢支持!××报。"看着看着,我有了主意,拿起笔在退稿信的上面填上妻的姓名,连同离婚报告一起退还给她。妻看后,忍俊不禁,"扑哧"一声笑了出来……

这事给了我一个启示:当家庭有矛盾的时候,幽默是解决问题的一个好办法,它能使家庭充满欢乐。你不妨也试试。

(据《家庭》)

选择正确答案

(1) 妻为什么写离婚报告?
  A. "我"跟她打架   B. "我"跟她吵架
  C. "我"有了情人   D. "我"拿了她的钱

(2) 谁收到了报社的退稿?
  A. "我"   B. 妻   C. 报社   D. 家庭

(3) 谁收到了离婚报告的"退稿"?
  A. "我"   B. 妻   C. 报社   D. 家庭

(4) "我"用什么办法跟妻和好?
  A. 谈话   B. 送花   C. 幽默   D. 亲吻

参考词语

1. 启示   qǐshì   (名)   启发指示,使有所领悟

2. 拟　　　　　nǐ　　　　　（动）　　打算；想要
3. 忍俊不禁　rěnjùnbùjīn　　　　　忍不住笑

阅读 4

也说禁烟

2008年的元旦对法国、德国和葡萄牙的烟民们来说，可能并不是一个愉快的日子。从这一天开始，新的禁烟法案开始在这三个国家实施。也就是说，从此以后他们将不能在咖啡馆、餐馆和酒吧等公共场所随便吸烟了。否则，就会被重罚。

公共场所禁烟对许多欧洲国家来说不是新鲜事。从2004年3月，爱尔兰最早通过公共场所禁烟的法案之后，英国、意大利、西班牙等多个欧洲国家也都加入了禁烟的行列。受到欧洲各国的影响，泰国、印度等亚洲国家也纷纷在公共场所禁烟。

虽然吸烟有害健康，禁烟利大于弊是非常明显的道理，但是对于公共场所禁烟，许多人却有不同的看法。在法、德等国，大多数人对法案表示支持和理解，可也有人认为新的禁烟法案冲击了传统的价值观，吸烟也是人的一种"自由"，禁烟破坏了"烟民的自由和权利"。站在他们的立场上想想，一旦烟瘾发作，只是因为自己在公共场所而有烟不能吸，确实不太好受。

有很多事和"自由"、"权利"联系起来就显得棘手。据法国卫生部统计，法国烟民约占总人口的四分之一，这么多的人要是都讲起"自由"、"权利"来，也不是件小事。好在吸烟者的"自由"和"权利"背后有着不少"理亏"的因素：法国卫生部的统计同样表明，过去一个时期，法国每两名吸烟者中就有一人死于吸烟导致的疾病，而且法国每年还有五千人是因为被动吸烟而死的。这种既伤害自己又伤害别人的"自由"和"权利"，由法律来约束，倒也让烟民们说不出太多的话来。

实际上，公共场合禁烟还有一个想不到的长远后果。随着烟民在很多场合不能再吸烟，吸烟将渐渐丧失大众基础。这个曾经很流行的行为，也许在几年后就变成纯粹的个人癖好了。

（据《人民日报》张慧中文）

1. 通过上下文猜测下列词语的意义
(1) 禁烟：
(2) 烟瘾发作：
(3) 棘手：
(4) 理亏：

2. 选择正确答案
(1) 2008年元旦哪个国家不会实施禁烟？
  A. 法国 B. 美国 C. 德国 D. 葡萄牙
(2) 禁烟法案实施以后，在什么地方可能还可以抽烟？
  A. 咖啡馆 B. 餐馆 C. 酒吧 D. 朋友家
(3) 哪里最早通过公共场所禁烟的法案？
  A. 泰国 B. 意大利 C. 爱尔兰 D. 西班牙
(4) 在法、德等国，人们对禁烟法案：
  A. 表示支持和理解 B. 表示支持但有些不理解
  C. 表示反对 D. 有不同的意见
(5) 法国烟民为什么会"理亏"？
  A. 法国烟民约占总人口的四分之一
  B. 每年有五千人死于被动吸烟
  C. 每两名吸烟者中就有一人死于吸烟导致的疾病
  D. B 和 C
(6) 公共场所禁烟的长远后果是：
  A. 几年后吸烟只是个人爱好了 B. 使这个行为很流行
  C. 最终得到所有烟民的支持 D. 没有人吸烟了

参考词语

1. 法案	fǎ'àn	（名）	关于法律、法令问题的议案
2. 利大于弊	lìdàyúbì		好处比坏处多
3. 棘手	jíshǒu	（形）	形容事情难办
4. 癖好	pǐhào	（名）	对某种事物的特别爱好

第十九课

一、技　能

猜词之五：通过上下文推测生词（四）

热身活动

1. 先阅读句子，再回答问题

正常成人只要一两个月就可以学会使用电脑，没有必要让孩子从小就费九牛二虎之力去学。

以下什么事情你可能需要"费九牛二虎之力"去做？

A. 做饭　　　　　B. 学汉语　　　　　C. 打游戏　　　　D. 交朋友

2. 小组讨论

每人说出一个让你们"费九牛二虎之力"去做的事情。

你们是怎么知道"费九牛二虎之力"的意思的呢？根据的是前后句子的对立："成人"VS"孩子"，"一两个月就学会"VS"费九牛二虎之力去学"。

这一课我们来熟悉通过上下文来推测生词的第三种情况——通过一些句子的对立意义来推测。

（1）你要动作快一点儿，不要磨磨蹭蹭。

（2）你不应该这么傲慢，应该谦虚一点儿。

（3）李芳很笨拙，不像她妹妹那么灵活。

第一句，从"要"和"不要"的对立意义，可以推出"动作快"和"磨磨蹭蹭"意思相反，"磨磨蹭蹭"就是"动作慢"。第二句，从"不应该"和"应该"的对立意义，可以推出"傲慢"跟"谦虚"意思相反，有"不虚心"的意思。第三句，从"不像"这个词可以推出"笨拙"应有"不灵活"的意思。

练习

1. 根据句子前后的对立意义推测画线词语的意思
(1) 这件事你要认真想清楚,不要这么草率。
(2) 你应该自己做事情,不要依赖别人。
(3) 林红对人很热情,不像她妹妹那么冷漠。
(4) 她长得很苗条,不像她妈妈那么胖。
(5) 我以为他会接受,没想到他拒绝了。
(6) 我以为李伟得的是小病,没想到是绝症。
(7) 当地人觉得美味无比的菜,对我们来说却是难以下咽。
(8) 没吃药,老王的病却痊愈了。

2. 用上面的词语填空
(1) 对别人不合理的要求,就应该_____。
(2) 他们俩_____地结婚,很快就因为性格不合而离婚了。
(3) 有人受伤躺在地上,他好像没看见一样,_____地走开了。
(4) 艾滋病还是一种_____。
(5) 不少女生为了保持_____,连晚饭都不吃了。

3. 根据上下文线索推测画线词语的意思,并把意思写在后面的括号里
(1) 李琳特别孝顺,每个星期天都要买一些好吃的东西去看父母。(   )
(2) 他得了肺结核,被送进医院治疗。(   )
(3) 王伯伯的妻子去世了,他悲痛欲绝。(   )
(4) 你别喝那么多茅台,喝多了要醉的。(   )
(5)《菊花台》是周杰伦为一部电影写的主题曲。(   )
(6) 很多人沉迷于网络,整天上网,甚至到了不吃不喝的程度。(   )
(7) 张老师和蔼可亲,总是微笑着,教我们知识,关心我们的生活。(   )
(8) 莫斯科是俄罗斯的首都。(   )

第十九课

二、阅读训练

阅读 1

房屋租售广告

迅速查找答案

(1) 如果想租一个不用买家具就可以入住的房子,应该找第几个信息?

(2) 如果夫妻一起租房子,应该找第几个信息?

(3) 哪个信息的房子附近可能没有地铁?

(4) 哪个信息的房子在上海的松江区?

(5) 哪个信息的房主没有留电子邮箱的地址?

(6) 哪个信息的房子附近有大型的公交站?

(7) 哪个信息的房子有2M的宽带?

(8) 哪个信息的房子面积最小?

租屋信息一

联系资料:

电话:13853918189

电邮:wenhui546@hotmail.com

QQ:33225345

屋苑名称:晋江大厦

地址:上海市徐汇区

房产类型:公寓

楼龄:12年

所在楼层:2

房间:4

厅:1

生活配套:地铁、公交、医院、街市、商店

备注/要求

1) 现空一房优惠出租,限1人,男性,有稳定工作,短期居住勿扰。

电器全配,家具全配,新整修,电信2M宽带。

2) 优惠价格,谢绝还价:10平方米,1200元/月,其他费用(水电煤、宽带、物业、有线电视等)按1/4均摊。

租屋信息二

联系资料:

电话:13497851122

电邮:ellenhuo@hotmail.com

QQ:76545542

屋苑名称:新港四村

地址:上海市徐汇区东方路69弄52号402室

房产类型:公寓

楼龄:15

所在楼层:4

房间:3

厅:1

生活配套:地铁、公交、医院、街市、商店

备注/要求

找合租者。希望找有正常工作、爱干净的租客,男女不限,可以两个同事或者夫妻入住,房间大概20平方米。房子地理位置很好,楼下有两个菜场,小区环境很好,也很安静。楼下24小时都有保安,很安全,到地铁1、4、3线也不需要很长时间,附近还有很多公交路线。到徐家汇及人民广场都很方便。附近还有个公交枢纽站。

租屋信息三

本人有一套三室一厅的房,现对外出租一单间卧室,面积16平方米左右,有线电视、电信宽带已开通。冰箱洗衣机可共用,450元/月,付三押一。

地址:江亭北路618栋九城海岸国际公寓(上海市松江区)

联系人:牛先生

电话:15813564429

QQ:674088060

(据 http://www.i3live.cn)

参考词语

1. 宽带　　　　　kuāndài　　　　　　　　（名）　指数据传输能力高于1兆比特/秒的网络连接方式
2. 优惠　　　　　yōuhuì　　　　　　　　　（形）　很便宜的价钱，或者不错的好处
3. 公交枢纽站　　gōngjiāo shūniǔzhàn　　　　　比较大的公共汽车站

阅读2

汉语学校学生们的自我介绍

请大家一边看一边把里面的语法和文字错误找出来

新学期开始，中文老师要求学生们写一篇自我介绍。各国（地区）的学生各有各的文化背景，写出来的自我介绍也各有特点。

美国学生写道："我有一个爸爸、一个妈妈，今年我是17岁，小时候学了一点中文在我的家……"分明是英语嘛。印尼的学生更绝，拿着英汉字典逐字翻译："我的妈妈是房子妻子（housewife）。"

类似这种低级错误华侨子弟不会犯，但他们说话也有自己的特点。比如这位菲律宾华侨女生："我的祖先是从中国福建省来的，虽然我的才能是画图，在一个年画得不多。"一位印尼华人子弟也写得很有个性："我在一九八十七年五月二十一日生出来了一个很健壮的女子。"——您看懂了吗？

更奇怪的是一位澳大利亚学生，她这样写道："我过了我的第16个生日，但是因为那天是周日，而大家都在忙，所以没什么庆祝。"咦，这是什么逻辑？周日了怎么大家还在忙，连宝贝女儿的生日也顾不上了？原来这位小女生把英文的weekday直接翻译成了"周日"！

台湾学生的作文水平要比其他地区同学高一些，请看这位王同学："我的名子叫王×中，我的嗜好是打蓝球"，"我说国语的能力比听和写的能力还要好，有很多时候我会说我看不懂的字"。另一个台湾学生写道："我在菲律宾出大的，我学了六年中文，但是我在家里有说，所以我的中文还好。"

（据翟华博文《听国际学校学生用中文自我介绍》）

阅读 3

勤用脑，防衰老

勤用脑会不会缩短人的寿命？这一直是人们非常关心的问题。特别是老年人，对这个问题最关心。有人认为：人老了多用脑会得神经衰弱症。这种说法是不科学的。

国内外科学家的研究证明：人的神经细胞有120亿～140亿个，人脑每小时有1000～1200个神经细胞死亡，即使活到100岁，才损失10亿个左右神经细胞。现代科学家一致认为：大脑是有分工的，各个区的功能不同，如果一些区疲劳了，人们就可以使用另一些区。比如写累了可以看，看累了可以听，听累了可以做些体育活动。这样科学用脑，可以保持大脑的每个区都经常处于积极运动的状态中，既有活动的部分，也有休息的部分。实验证明，大脑中越是积极活动的部分，大脑皮质细胞就越丰厚，反之就会逐渐萎缩。

近年来，生理学家发现：人的脑子越用越发达，越用越灵活，而且有益于健康长寿。有人对16世纪以来欧美的数百名伟大人物进行了研究，发现最长寿的是科学发明家，平均寿命为80岁。其中阿基米德76岁，牛顿86岁，爱迪生85岁，爱因斯坦77岁。由此可见，脑力劳动者能长寿，经常用脑力劳动的老人比同龄的体力劳动者大脑萎缩得慢。这说明多用脑、勤思考，可以延缓大脑衰老。

（据《光明日报》）

判断正误

(　)(1) 经常用脑的人容易得神经衰弱症。
(　)(2) 人脑的神经细胞不多，因此要让大脑多休息。
(　)(3) 大脑是有分工的，科学的做法是交换使用各个区。
(　)(4) 常用脑对健康长寿有好处。
(　)(5) 16世纪以来科学发明家的寿命都很短。
(　)(6) 这篇文章的主要内容是：多用脑对大脑、对健康长寿都有好处。

参考词语

1. 神经　　shénjīng　　（名）　　把中枢神经系统的兴奋传递给各个器官,或把各个器官的兴奋传递给中枢神经系统的组织
2. 萎缩　　wěisuō　　　（动）　　干枯;身体、器官等功能减退并缩小
3. 长寿　　chángshòu　（形）　　生命长

阅读 4

最不能等待的事

完型填空

　　一次,意大利《机会》杂志的（　　　）采访比尔·盖茨,问了这样几个问题:你是怎样想到大学没毕业就（　　　）"机会"离开学校去创办微软的?你（　　　）这个发展机会有多大把握?有什么依据可以断定它就是"机会"?你对"机会"与人生、事业的影响（　　　）看?

　　比尔·盖茨是这样回答的:最近我母亲（　　　）了,失去了她,让我觉得对母亲的孝顺是不能等待的;我认为在爱情上也不能等待,只要你真的（　　　）,就不要迟疑;一个企业家回报社会也不能（　　　）,投入慈善事业是我的理想和追求……

　　比尔·盖茨的回答,好像与记者的提问根本没什么（　　　）,（　　　）,比尔·盖茨真正回答了什么是人生最不能等待的事、什么是我们最需要抓住的机会。

　　在比尔·盖茨看来,人生最不能等待的事、最需要我们抓住的事,并（　　　）事业成功的机会,（　　　）孝顺、爱心和善良。

（据《广州时报》黄小平文）

参考词语

1. 创办　　chuàngbàn　（动）　　开始办
2. 孝顺　　xiàoshùn　　（动）　　听长辈的话,对长辈非常好
3. 慈善　　císhàn　　　（名）　　关心别人,有同情心

第二十课

一、猜词练习

旁　白

　　看见报纸的电影版上刊出《乱世佳人》重映①的广告，心里真高兴。我和妻早就想看这个片子，现在终于有了机会。

　　正当我和妻在剧院里全神贯注②地欣赏电影时，前座③的女孩不时侧过脸，和旁边一位身材高大的长发男士咬耳朵④。随着银幕上情景的变换，她的声音由于周围的安静而显得更清晰，成了令人不快的噪音。听她的口气，这片子她已经看过三四次了。每个场景出现以前，她便急忙告诉她的男友——紧接着，银幕上果然出现了她的预料，她得意地推推那位男士，高兴地说："喏，你看，我说的没错吧！"

　　她说得兴高采烈，我却是越看越气。她不仅破坏了我欣赏电影的愉快心情，她的"旁白"⑤更使我失去了思考的乐趣。我再也忍不住了，就拍拍她的肩膀⑥，说："小姐，请用您的眼睛'看'电影，我们将很感谢您！"她先是惊讶，又有点儿生气，向邻座⑦的男朋友嘀咕⑧一下之后，倒真的乖乖地不说话了。

　　妻拉了我一下，低声说："她那强壮的男朋友一会儿不找你麻烦就奇怪了！"

　　影片很长，中间有五分钟的休息。我起身去小卖部买饮料，走着走着，无意中看到那位男士紧跟在我后面。我有点儿怕了：他真的来找麻烦了吗？我走得更快，他也迅速⑨地跟上来，越靠越近。突然，他一只手扳⑩过我的肩膀，另一只手迅速握住我的右手——

　　他说："先生，谢谢您！我自己实在没有勇气对她这样说。"

　　　　　　　　　　　　　　　　　　　　　　　　（据清溪客文）

选择正确答案

(1) 重映：
　　A. 重新　　　B. 放映　　　C. 重新放映　　D. 双重反应

(2) 全神贯注：
　　A. 非常认真　B. 比较认真　C. 很不认真　　D. 不认真

(3) 前座：
　　A. 前边　　　B. 座位　　　C. 前边的座位　D. 后边的座位

(4) 咬耳朵：
　　A. 吃一个人的耳朵　　　　B. 在耳朵旁边说话
　　C. 摸一个人的耳朵　　　　D. 吻一个人的耳朵

(5) 旁白：
　　A. 很好听的话　　　　　　B. 很有意思的话
　　C. 对自己说的话　　　　　D. 对观众说的话

(6) 肩膀：
　　A. 身体的一部分　　　　　B. 长在河里的螃蟹
　　C. 女孩子用的皮包　　　　D. 女孩子坐的椅子

(7) 邻座：
　　A. 旁边　　　B. 座位　　　C. 旁边的座位　D. 很远的座位

(8) 嘀咕：
　　A. 小声说　　B. 用眼看　　C. 用手打　　　D. 用脚踢

(9) 迅速：
　　A. 非常慢　　B. 非常快　　C. 吃着东西　　D. 流着汗

(10) 扳：
　　A. 手的一个动作　　　　　B. 脚的一个动作
　　C. 眼的一个动作　　　　　D. 嘴的一个动作

二、阅读训练

阅读 1

代做小偷

填空

(1) 加拿大有一家商行卖_____。
(2) 买"小偷"的是_____。

(3) _____ 美元可以买一个"小偷"。

(4) 售货员和警察抓"小偷",是为了吓_____。

　　加拿大的多伦多市有一家商行,它销售的产品全是"小偷"。它的服务对象是大百货公司,每当卖给一家百货公司一个"小偷",就可以收入 100~150 美元。"小偷"要在百货公司里"偷"东西,当"小偷""偷"东西时,预先藏好的售货员和警察就一起把"小偷"抓住。然后捆住"小偷"的双手,抓住他的衣领,并大声骂他,热热闹闹地送到警察局,而"小偷"则像真的一样拼命想逃。他们演出这样的闹剧,是想警告那些时刻都想偷东西的人。

（据《读者精华》）

参考词语

1. 闹剧　　nàojù　　（名）　　喜剧的一种,通过滑稽情节、热闹场面来揭示剧中人物行为的矛盾,比一般喜剧更夸张
2. 警告　　jǐnggào　　（动）　　提醒,使警惕

阅读 2

音乐并非全都有益

　　科学家曾对几个不同交响乐队的 300 多个演员进行调查分析,结果表明:平时以演奏古典乐曲为主的乐队演员,心情大都平稳愉快、身体健康;以演奏现代乐曲为主的演员,有 70% 以上的人患有不同程度的精神过敏症,有 60% 以上的人有急躁症,有 22% 以上的人有不同程度的情绪低落,还有一部分人出现头痛、失眠、耳痛、耳鸣等症状。科学家还对一些音乐爱好者做过调查,发现在经常欣赏古典音乐的家庭里,人与人的关系比较和睦;经常欣赏浪漫派音乐的人,性情开朗、思想活

跃；而喜欢嘈杂的现代派音乐的家庭，其成员之间经常争吵。

有人在生产单位做过试验，尤其是在安装有大规模流水作业线的车间试验，效果十分明显。有好的音乐的车间可以提高工作效率30％，但播放的曲目一定要选择好。如果在车间先播放节奏快的音乐，然后再播放节奏慢的音乐，就会降低工作效率；如果无规律地播放音乐，还会造成产品质量下降和生产大量废品。

（据《中国人口报》张润民文）

判断正误

（　）(1) 古典音乐对人的心情、身体都有好处。
（　）(2) 现代音乐对人的心情、身体的好处比古典音乐更大。
（　）(3) 欣赏不同的音乐对家庭里人与人的关系有影响。
（　）(4) 好的音乐能使人多做工作。
（　）(5) 什么音乐都只有好处没有坏处。

参考词语

1.	演奏	yǎnzòu	（动）	用乐器表演
2.	情绪	qíngxù	（名）	这里指人从事某种活动时产生的兴奋心理状态
3.	症状	zhèngzhuàng	（名）	有机体因发生疾病而表现出来异常状态
4.	和睦	hémù	（形）	相处融洽友爱；不争吵
5.	嘈杂	cáozá	（形）	声音杂乱；喧闹

阅读 3

散　步

我们在田野散步：我、我的母亲、我的妻子和儿子。

母亲本来不愿意出来。她老了，身体不好，走远一点儿就觉得很累。我说，正因为如此，才应该多走走。母亲信服地点点头，便去拿外套。她现在很听我的话，就像我小时候很听她的话一样。

天气很好。今年的春天来得太迟了，太迟了，有一些老人挺不住。

但是春天总算来了。我的母亲又挺过了一个严冬。

这南方初春的田野，大块小块的新绿随意地铺着，有的浓，有的淡；树上的嫩芽也密了；田里的冬水也"咕咕"地起了水泡。这一切都使人想着一样东西——生命。

我和母亲走在前面，妻子和儿子走在后面。小家伙突然叫起来："前面是妈妈和儿子，后面也是妈妈和儿子。"我们都笑了。

后来发生了不同意见：母亲想走大路，大路平顺；儿子要走小路，小路有意思。不过，一切都由我决定。母亲老了，她早已习惯听从她强壮的儿子；儿子还小，他还习惯听从他高大的父亲；妻子呢，在外面她总是听我的。一霎时，我感到了责任的重大。我想找一个两全的方法，找不出；我想拆散一家人，分成两路，各得其所，终不愿意。我决定按母亲的意见走大路，因为我和儿子的日子还长呢。

但是母亲摸摸孙子的小脑瓜，变了主意："还是走小路吧。"她的眼向小路望去：那边有金色的菜花，两行整齐的桑树，尽头是一口水波粼粼的鱼塘。"我走不过去的地方，你就背我。"母亲对我说。

这样，我们在阳光下，向着那菜花、桑树和鱼塘走去。到了一处，我蹲下来背起了母亲，妻子也蹲下来背起了儿子。母亲虽然高大，然而很瘦，自然不算重；儿子虽然很胖，毕竟还小，自然也轻。但我和妻子都是慢慢地、稳稳地，走得很仔细，好像我背上的同她背上的加起来就是整个世界。

（据莫怀成文）

1. 猜词练习

(1) 第三段"严冬"是什么意思？

  A. 非常冷的冬天   B. 不太冷的冬天

  C. 很暖和的冬天   D. 不下雪的冬天

(2) 第五段"小家伙"指谁？

  A. 妻子 B. 母亲 C. 儿子 D. "我"

(3) 第六段"两全"是什么意思？

  A. 只顾母亲一方面   B. 只顾儿子一方面

  C. 顾全母亲、儿子两方面 D. 只顾自己一方面

(4) 第七段"粼粼"是什么意思？

  A. 形容菜花   B. 形容桑树

  C. 形容水波   D. 形容天气

2. 选择正确答案

(1) "我们"几个人一起散步?
　　A. 五个　　　B. 四个　　　C. 三个　　　D. 两个

(2) 前一段时间气候怎么样?
　　A. 不好　　　B. 很好　　　C. 比较好　　D. 一般

(3) 今天天气怎么样?
　　A. 不好　　　B. 很好　　　C. 比较好　　D. 一般

(4) 母亲开始为什么想走大路?
　　A. 因为大路有意思　　　B. 因为大路好走
　　C. 因为大路热闹　　　　D. 因为大路种着花

(5) 小路上没有什么?
　　A. 果树　　　B. 桑树　　　C. 菜花　　　D. 鱼塘

(6) 这一家三代之间关系怎么样?
　　A. 互相利用　　　　　　B. 互相有意见
　　C. 互相爱护　　　　　　D. 常常争论

参考词语

1. 挺　　　　tǐng　　　　（动）　　勉强支撑
2. 一霎时　　yíshàshí　　（名）　　一会儿;短时间
3. 各得其所　gèdéqísuǒ　　　　　　每个人或事物都得到合适的安顿

阅读 4

我们究竟可以有多坚强

　　我总以为今天的人不再坚强了。尤其是那些"80后"、"90后"的孩子,说一句重话就会掉眼泪、闹情绪,动不动就离家出走,动不动就用自杀来威胁父母,非常脆弱——可是我错了。

　　在"5.12"四川大地震的救援报道中,我看到都江堰一个被埋了三天的女孩,她缩在非常小的空间里,四周是残破的水泥板,好像很快会倒塌,把人砸扁,只有一个很小的口子让别人可以看见她。要是我像她那样,会不会崩溃?我没有把握。

这个年仅22岁的女孩对救援人员说:"我还活着,我真高兴。"她让妈妈不要哭:"我在里面都没有哭!"

我看到北川一中高一年级的孩子们。发生地震的时候,他们的教学楼塌了,三、四、五共三层楼砸在了一起。一个16岁女生的身子被砸中,不能动弹,她身边是要好的三个女同学,她们已经死了。她抓住旁边一个同学的手,她的姿势是坐着的:"她很平静,开始时手还是热的,一会儿就凉了。"

我是她们的长辈,自以为经历了一些磨难,但我仍然想象不到,在重大灾难来临的时候,她们可以如此坚强。

此时,我对人类充满了信心。

(据《新民晚报》莫小米文)

1. 讨论

"80后"、"90后"的年轻人指的是什么人?

2. 选择正确答案

(1) 以前"我"认为现在的孩子:

　　A. 会为了严重的事情掉眼泪闹情绪

　　B. 不会离家出走

　　C. 不会用自杀来威胁父母

　　D. 非常脆弱

(2) 关于那个22岁的女孩,我们知道什么?

　　A. 她很乐观　　　　　　B. 她快被砸扁了

　　C. 她已经崩溃了　　　　D. 她的妈妈也被埋了

(3) 发生地震时,北川一中:

　　A. 教学楼塌了

　　B. 有一个16岁的女生活了下来

　　C. 一共有四个女生被砸死了

　　D. 学生们手拉手互相帮助

(4) 现在"我"觉得"80后"、"90后"的孩子:

　　A. 很脆弱　　　　　　　B. 经历了一些磨难

　　C. 害怕灾难　　　　　　D. 非常坚强

（5）文章的主要观点是：

　　A. 地震太可怕了

　　B. 今天的人是很脆弱的

　　C. 我们要改变对"80后"、"90后"的年轻人的看法

　　D. 今天的人还是很坚强的

参考词语

1. 闹情绪	nào qíngxù		因为不合意而生气，表示不满
2. 动不动	dòngbudòng	（副）	很容易产生某种行动，常跟"就"连用
3. 磨难	mónàn	（名）	在困苦的环境中受到的折磨

第二十一课

一、技　能

句子理解之一：压缩句子（一）

热身活动

阅读后用一个词或词组回答问题

（1）2008年8月8日8时，这是一个伟大的时刻，第29届夏季奥林匹克运动会在北京国家体育场隆重开幕。开幕式精彩极了，气势恢弘、富于创意、极具特色、美轮美奂，给了世界人民一个惊喜。

问题：北京奥运会开幕式怎么样？

（2）广州的秋天天气晴朗、阳光灿烂、雨量适中、气温适宜、风景秀丽、空气清新、食物丰富，是一年中最好的季节。

问题：广州的秋天是怎样一个季节？

我们在阅读文章的时候，有时会遇到一些句子，像上面这两个句子一样，很长、有许多生词，其实这些句子中重要的信息可能并不复杂，甚至很简单。比如上面两个问题的答案："开幕式很精彩"和"是最好的季节"。

那么，我们怎样才能在更短的时间里读完这类长句，并找出我们想要的简单答案呢？从本课开始的三课介绍的技能是压缩句子，即把句中不重要的词和句子成分略去不看。压缩句子的技能主要有三种，这一课我们先介绍第一种——略去不影响句子整体的意思差不多的词语。

热身活动中的两个句子就是这样的情况。"开幕式精彩极了，气势恢弘、富于创意、极具特色、美轮美奂，给了世界人民一个惊喜。"句子用了很多词语从不同角度去强调开幕式的精彩，但是如果你抓住了"开幕式精彩"这个要点，是否能读完读懂其他词语并不重要，甚至可以不读。再比如："广州的秋天天气晴朗、阳光灿烂、雨量适中、气温适宜、风景秀丽、空气清新、食物丰富，是一年中最好的季节。"从七个方面说明广州的秋天是"最好的季节"，因此，阅读时每个方面不必细读，甚至可以不读，特别是遇到生词的时候。

练习

1. 阅读下列句子,然后用一个词或一个词组回答问题

(1) 正是夏天,屋后边的那棵荔枝树结满了红艳艳、清香四溢、美味无比的果子。

问题:荔枝树上有什么?

(2) 这种奶粉具有营养均衡、不热不燥、不加蔗糖、食用方便等优点,是孩子们的理想食品。

问题:作者劝消费者给孩子们吃什么?

(3) 广州的春天讨厌极了,阴雨绵绵、阳光不足、空气潮湿、忽冷忽热,人也没有精神。

问题:广州的春天怎么样?

(4) 中山大学出版社最近出版的《中国文化大略》内容丰富、通俗易懂、图文并茂、印刷精美,特别适合想了解中国文化的外国朋友阅读。

问题:这段文字介绍什么?

(5) 这对夫妻几乎差不多是一天一小吵,两天一大吵,无论是为了衣着、金钱、家庭还是其他任何问题都能发生争吵。

问题:这对夫妻有什么问题?

(6) 西藏地处高原,天气干燥,空气稀薄而且多尘,紫外线十分强烈,这样的环境对皮肤是一个不小的考验。

问题:为什么西藏的环境对皮肤是个考验?

2. 下列句子中哪些并列近义词语可以略去不看,请在下面画线

(1) 林飞念课文念得流利、准确、清晰、洪亮,像个播音员。

(2) 昨天的晚会热闹、有趣、轻松、欢快,大家都很满意。

(3) 对这件事,她感到担心、惊恐、惶惑。

(4) 陕西出产的红富士苹果皮薄肉多、又甜又脆、价格便宜,很受欢迎。

(5) 晓春这姑娘聪明、美丽、热情、有礼貌、有气质,我对她印象很好。

二、阅读训练

阅读1

十二星座最怕失去的东西

1. 白羊座最怕失去的东西：勇气。

白羊座的人乐观、向上，他们靠着执著的勇气去克服困难。

2. 金牛座最怕失去的东西：金钱。

金牛座的人认为金钱可以做一切事情，如果一下子失去一大笔钱，将是最让他们痛心的事情。

3. 双子座最怕失去的东西：自由。

双子座的人喜欢自由自在，最讨厌被任何事情所限制。

4. 巨蟹座最怕失去的东西：家庭。

巨蟹座的人善良，有同情心，最需要的就是家庭的温暖。

5. 狮子座最怕失去的东西：自尊。

狮子座的人很傲慢，他们的自尊心却是别人不能伤害的。

6. 处女座最怕失去的东西：听众。

处女座的人喜欢东拉西扯。

7. 天秤座最怕失去的东西：朋友。

天秤座的人害怕孤单、总想要人陪。

8. 天蝎座最怕失去的东西：理智。

天蝎座的人用理智控制自己的一切行动，如果他们失去理智，将会是不可收拾的。

9. 射手座最怕失去的东西：流行。

射手座的人喜欢不断更新，追求流行的刺激是他们最大的乐趣。

10. 摩羯座最怕失去的东西：信任。

如果因为某些事使上级对摩羯座的人失去了原本的信任，会让他们很痛苦。

11. 水瓶座最怕失去的东西:灵感。

水瓶座的人头脑反应快,思维灵活,如果失去了灵感,聪明的"瓶子"就会变成笨蛋了。

12. 双鱼座最怕失去的东西:梦想。

梦想是喜欢想入非非的双鱼座的人的精神支柱。

填空

(1) 觉得金钱最重要的人是_____。
(2) 最骄傲的人是_____。
(3) 很喜欢聊天的人是_____。
(4) 最关心现在流行什么的人是_____。
(5) 头脑反应快、很聪明的人是_____。
(6) 很喜欢想象、做梦的人是_____。

参考词语

1. 傲慢	àomàn	(形)	看不起别人,对人没有礼貌
2. 东拉西扯	dōnglā-xīchě		什么话题都喜欢聊
3. 理智	lǐzhì	(名)	分辨对错以及控制自己行为的能力
4. 灵感	línggǎn	(名)	突然产生的有创造性的想法

阅读 2

能用汽车搬运的直升飞机

迅速查找答案

(1) 这种名叫"蜻蜓"的直升飞机是哪国人发明的?
(2) "蜻蜓"直升飞机多高?多长?
(3) "蜻蜓"直升飞机可以运多重的东西?
(4) "蜻蜓"直升飞机一次能飞多远?
(5) "蜻蜓"直升飞机为什么能用汽车搬运?

这种名叫"蜻蜓"的直升飞机高不到2米,长约5米,是由意大利考古学家、一对孪生兄弟安吉罗·卡斯蒂利奥内和阿尔弗勒德·卡斯蒂利奥内研制发明的。在去非洲旅行时,他们正需要这种能乘坐两人和携带一大堆仪器的小型直升飞机。

虽然"蜻蜓"直升飞机很小,但是它的飞行性能非常好。整架直升飞机重250千克,可以用任何汽车搬运。它可以装运450千克的东西,功率为130马力的发动机可使飞行速度达到150千米/小时。"蜻蜓"直升机一次能在空中飞1.52个小时,飞行330千米。

(据《知识就是力量》道奇文)

参考词语

1. 携带	xiédài	(动)	随身带着
2. 性能	xìngnéng	(名)	机械或其他工业制品对设计要求的满足程度
3. 功率	gōnglǜ	(名)	物体在单位时间内所做的功

阅读 3

温馨的老妇

温馨老妇,开一家小店,门口放一个筐,筐里装着各式漂亮的帽子:鸭舌帽、宽沿牛仔软帽、灯芯绒女帽……店里的墙上挂着许多丝巾,都是今年流行的样式:加长型的、上面贴着金色的圆点的。非常美。

老妇十几岁去香港谋生时,口袋里只有几块钱,结婚后开始做生意,有了一些钱后送儿子到美国读书,然后一年年老下去,最后回广州开一家卖服装的小店。

老妇把胳膊支在柜台上,见我进来,高兴得眼睛都眯起来,她从衣架上找出一条红色长裙,一定要我买。我不想买,说没带钱,老妇说:放下两元,别的半年后再给。

老妇开这家小店,不是为了赚钱,而是为了让日子过得有意思,她的这个选择实在温馨。看看老妇,年轻时一定是个美人。而今天,在阳光下,开一家小店,卖自己年轻时喜欢的种种东西:衣裙啦、首饰啦、口红啦、帽子啦……和来买东西的女士们交谈,这日子实在轻松愉快。

每次去,我都看见一位满头银发、精神爽朗、温文尔雅的老人在帮她的忙。原以为是她丈夫,其实不然,那是她的舞伴。什么时候想跳舞了,店门一关,双双翩翩而去。

这温馨的日子,真让人羡慕,真想赶快老了,也开这样一家小店。

(据张梅文)

1. 压缩下列句子,在可以略去不读的部分画线
(1) 在阳光下,开一家小店,卖自己年轻时喜欢的种种东西:衣裙啦、首饰啦、口红啦、帽子啦……
(2) 每次去,我都看见一位满头银发、精神爽朗、温文尔雅的老人在帮她的忙。

2. 选择正确答案
(1) 第三段"胳膊"是什么意思?
  A. 一种花儿   B. 一种植物
  C. 一种服装   D. 身体的一个部位
(2) 老妇年轻时在哪儿?
  A. 香港   B. 广州   C. 美国   D. 深圳
(3) 老妇现在在哪儿开小店?
  A. 香港   B. 广州   C. 美国   D. 深圳
(4) 老妇开店是为了什么?
  A. 赚一些钱   B. 店里有她喜欢的人
  C. 让儿子高兴   D. 让生活有意思
(5) 老妇对顾客怎么样?
  A. 不热情   B. 很热情   C. 还可以   D. 最不好
(6) "我"觉得老妇的这种生活方式怎么样?
  A. 没有意思   B. 很有意思
  C. 还可以   D. 最不好

参考词语

1. 温馨　　　　wēnxīn　　　　（形）　　温暖，散发着香气，让人觉得舒服
2. 温文尔雅　　wēnwén'ěryǎ　　　　　　 态度温和，举动文雅
3. 舞伴　　　　wǔbàn　　　　（名）　　一起配对跳舞的人
4. 翩翩　　　　piānpiān　　　（形）　　形容轻快地跳舞、走路
5. 羡慕　　　　xiànmù　　　　（动）　　看见别人有某种长处、好处或有利条件而希望自己也有

阅读 4

奇妙的生物共存——鱼类的圣殿

当你潜入海底时，有时会遇到一些色彩艳丽的红白条纹小虾和蓝黑条纹小鱼，把一条很大的鱼围在中间，却毫不畏惧。这些小虾小鱼都骑在大鱼的背上，用嘴一下一下地不停地啄着大鱼的鳍，好像在戏弄大鱼一样，但是大鱼却乖乖地一动也不动。

如果你能遇到这种情景，真是太幸运了。因为那正是一幕非常奇妙的生态平衡的场面。

有红白条纹的虾是清扫虾，有蓝黑条纹的鱼是清扫鱼，在生物界把它们叫做"清洁工"。这些"清洁工"有自己的工作场所——清洁站。海洋里的鱼都知道清洁站的地点，想要"洁身"时，便登门求助。"清洁工"们能游到客人的体表和鳃上，有时甚至进入口中，把附在客人身体上的寄生虫啄下吃掉。

一到清洁站，无论大鱼还是小鱼都表现出一种特别的请求清扫的姿势：它们把鳍完全展开，像孔雀开屏一样，并大张着嘴和鳃，尾巴向下直立着。这种姿势使它们完全没有战斗能力，这时如果有敌人要吃它们，那它们就别想活了。

但是，在清洁站是不会发生战斗的。无论是强者还是弱者，在这里都和平友好，可以放心地休息。这里就像是海洋中所有鱼类的圣殿。

（据《知识就是力量》杨贵勤文）

选择正确答案

(1) 第一段"毫不畏惧"是什么意思?
    A. 一点儿都不怕   B. 有一点儿怕
    C. 不要害怕   D. 非常害怕

(2) 第三段"洁身"是什么意思?
    A. 清洁   B. 身体   C. 清洁身体   D. 清洁房间

(3) 第二段"体表"是什么意思?
    A. 身体   B. 表面   C. 身体表面   D. 身体里面

(4) 下面哪两种动物是文章中提到的鱼类"清洁工"?
    A. 大鱼和小虾   B. 大鱼和小鱼
    C. 寄生虫和大鱼   D. 小虾和小鱼

(5) 海洋里的鱼想"洁身"时,去什么地方?
    A. 海边   B. 海底   C. 海面   D. 海中

(6) 下面哪种姿势不是鱼请求"洁身"时做出的姿势?
    A. 展开鳍   B. 张开嘴和鳃
    C. 尾巴向下直立   D. 摇尾巴

(7) 文章为什么说清洁站好像是鱼类的圣殿?
    A. 因为清洁站非常漂亮
    B. 因为清洁站有很多好吃的
    C. 因为在清洁站里各种鱼和平友好
    D. 因为在清洁站里各种鱼经常战斗

参考词语

1. 奇妙	qímiào	(形)	稀奇巧妙(多用来形容令人感兴趣的新奇事物)
2. 圣	shèng	(形)	最崇高的
3. 殿	diàn	(名)	高大的房屋
4. 潜	qián	(动)	进入水面以下
5. 戏弄	xìnòng	(动)	耍笑捉弄;拿人开心
6. 生态	shēngtài	(名)	生物的生理特性和生活习性
7. 平衡	pínghéng	(形)	对立的各方面在数量或质量上相等或相抵
8. 清扫	qīngsǎo	(动)	扫除;清理
9. 姿势	zīshì	(名)	身体呈现的样子

阅读 5

小城魅力

5月1日早晨7:15,我就赶到省汽车总站,可惜才购到9:15的回乡加班车票。车站人头涌涌,购票的队伍每队都有20米长,候车室座无虚席。我站着等车。刚才在路上赶出一身汗,车站内空调很冷,令人毛孔开始收缩。候车室四周还有吸烟的人群,烟味扩散。上厕所也排长队,等候方便的人们至少排队15分钟仍未解决问题。

终于轮到我上车了。刚才候车时已是口干舌燥,因为是加班车,又没有矿泉水发,只好继续忍着。我的座位在汽车的最末排,因为路上车多,汽车停停开开。不到一小时,我就晕车,只好与前排的乘客换座位。汽车缓慢前进,在三水大桥前,因交通事故又停了下来。很多男孩子忍不住憋尿之急,纷纷背着人沿途方便。

从省汽车站到三水大桥,正常只需一个小时行程,现在用了两个半小时,坐得脚都麻了。好不容易,三水大桥可以单向通车。车可以开动时,乘客都松了一口气。过了三水大桥,眼前突然敞开了一片绿色的生机,高速公路两旁的小山岗栽满了郁郁葱葱的小树,在阳光下伸展着它们的小手。这怡人的绿把我在候车室时受到的熏气、坐车时的闷气一下子请走了,代之而来的是心旷神怡。

汽车下了高速,过了云浮,终于到达我的家乡罗定。本来是三个半小时的行程,却足足走了五个半小时。一下车,就感到阳光明净,空气宜人。虽然是五月天,艳阳当空,但小城却是凉风送爽。用不着做深呼吸,每一口空气都是清润的。由于空气中的浮尘很少,可以清楚看见远处楼房广告的小字,路边榕树的叶子也清晰得片片可数。

到傍晚,开着摩托车到郊外,路经田园,有的农家在烧草皮,草皮的烟味散发着淡淡的牛粪香,这种气味使我想起小时候在农场劳动的生活,想起少年时朗诵过的农家诗,想起红米饭和青菜汤,想起割谷穗和拾麦穗,想起挑鸡粪和采草药,想起一连串成长的故事。

小城的阳光和空气都饱含着故事,为了享受这些故事,下次我依然不怕人头涌涌,不怕口干舌燥,不怕路上颠簸,还要回到小城来,感受这里的气息。

(彭绮文)

1. 选择正确答案
(1) 标题"魅力"是什么意思?
　　A. 活力　　　　　　　　　　B. 吸引人的地方
　　C. 生命力　　　　　　　　　D. 特别的地方
(2) 第一段"人头涌涌"是什么意思?
　　A. 人们的发型很奇怪　　　　B. 人很多
　　C. 天气热,头发都湿了　　　D. 能看到很多人头
(3) 第一段"等候方便的人"是什么人?
　　A. 等待上车的人　　　　　　B. 等待服务员为他们服务的人
　　C. 觉得车站不方便的人　　　D. 想上厕所的人
(4) 第二段的第二句话没有说,但可以知道:
　　A. "我"口渴了　　　　　　　B. "我"常常坐加班车
　　C. 坐一般的车,会有矿泉水发　D. "我"对加班车不发水很不满意
(5) 以下哪个地方文章里没有提到?
　　A. 三水大桥　　B. 云浮　　C. 广州大桥　　D. 罗定
(6) 平时"我"回家路上汽车要走多长时间?
　　A. 两个半个小时　　　　　　B. 一个小时
　　C. 三个半小时　　　　　　　D. 五个半小时
(7) 从什么时候开始,"我"觉得坐车变得令人愉快了?
　　A. 过了三水大桥　　　　　　B. 开车一个小时以后
　　C. 上了高速公路以后　　　　D. 到达罗定以后

2. 讨论
(1) 文章的题目是《小城魅力》,为什么"我"却要写那么多坐车的经历?
(2) 小城的魅力主要在哪里?

参考词语

1. 口干舌燥	kǒugān-shézào	(形)	口舌都干了,很口渴的意思
2. 晕车	yūnchē	(动)	坐车的时候出现头晕等不舒服的情况,表示一个人不能坐车
3. 郁郁葱葱	yùyùcōngcōng	(形)	形容树木长得很好,让人看上去觉得很舒服

第二十二课

一、技　能

句子理解之一：压缩句子(二)

热身活动

阅读后用简单句子或词组回答问题

(1) 来自204个国家和地区的一万多名运动员奋力拼搏,创造出了辉煌成绩,共创造了38项世界纪录,例如:牙买加选手搏尔特的男子100米和200米短跑,俄罗斯选手伊辛巴耶娃的女子撑竿跳高,中国选手刘春红的女子举重69公斤级,韩国选手张美兰的女子举重75公斤以上级,美国选手菲尔普斯的男子200米蝶泳、200米混合泳、400米混合泳,中国选手刘子歌的女子200米蝶泳,日本选手北岛康介的男子100米蛙泳……

问题:各国运动员怎么样?

(2) "只要功夫深,铁杵磨成针",乡村教师李伟十年来勤奋地读书、写作,终于在全国性刊物《文学界》发表了他的第一篇小说。

问题:李伟怎么样了?

前一课我们介绍了压缩句子的第一种技能,本课我们来分析第二、第三种技能。

第一句很长,但句子的主要信息是"运动员创造了38项世界纪录",至于读者是否能读完读懂后面的世界纪录的例子,并不影响对整个句子的理解,可以略去不读。这就是第二种压缩句子的技能——略去举例性词语。句子里出现的举例性词语,常使句子显得很长,生词也增加了。实际上,它们对文章、段落的意思没有太大的影响,所以可以略去不看。

第二个句子不难理解,"李伟经过长时间努力,还是获得了成功",但什么是"只要功夫深,铁杵磨成针"呢？这是句俗语,意思是通过努力可以把本来很难的事情做成,它只是起到引出后文表述内容的作用,可以略去不读。这就是第三种压缩句子的技能——保留主要信息,删去相关的次要信息(常常是俗语、成语、古诗句等)。引言的作用只是引起话题,导入正文,并不增加新的信息,对句子的意思没有多大影响,可以略去不看。

> 练习

1. 阅读下列句子,然后用一个词或词组回答问题

(1) 为了给丈夫治病,她把家里值钱的东西,如结婚时买的彩电、她最珍爱的金项链……都卖了。

问题:她卖什么?

(2) 春天的公园,到处都开满了鲜花,红的、白的、黄的、紫的,浓的、淡的,真是万紫千红。

问题:公园有什么?

(3) 在北京,他游览了故宫、长城、十三陵、天坛、颐和园、圆明园、北海等名胜古迹。

问题:他游览了什么?

(4) 广州百货大厦卖服装、家用电器、文化用品、皮具、玩具、日用品、食品等各种商品。

问题:广州百货大厦卖什么?

(5) 你的孩子老是打架,还偷东西,你真应该好好教育教育他。"养不教,父之过。"

问题:说话人劝他做什么?

(6) 林梅觉得李苗苗穿的那条白裙子非常好看,也去买了一条,可是穿在她身上却一点儿也不好看,我们都说她是"东施效颦"。

问题:林梅穿那条裙子怎么样?

(7) 你的那颗牙三天两头疼,"长痛不如短痛",你还是拔了吧。

问题:说话人劝他做什么?

(8) 妈妈最了解钟颖,俗话说"知女莫如母",妈妈知道女儿喜欢什么、讨厌什么、需要什么。

问题:妈妈怎么样?

2. 下列句子哪些词语或成分可以略去不看,请在下面画线

(1) 他吃了不少胃药,胃乃安啦、胃仙U片啦、三九胃泰啦、胃动力啦、雷尼替丁啦,可是都治不好他的病。

(2) 现在,国产洗衣机牌子很多,如无锡的小天鹅、中山的威力、青岛的海尔、顺德的爱德、广州的高宝等等,顾客可以随意选择。

(3) 衣柜里挂着不少衣服,有男式的、有女式的、有夏天的、有冬天的、有长的、有短的,有鲜艳的、有素淡的……

(4) 王小红学习非常努力,星期六、星期天也不休息,"功夫不负有心人",她终于考上了大学。

（5）在吴立平的眼里，娜娜是那么美，连那双不大的眼睛，他也觉得特别明亮，真是"情人眼里出西施"啊！

（6）亮亮吃完了巧克力，却对妈妈说："盒子里的巧克力不是我吃掉的。"真是"此地无银三百两"。

二、阅读训练

阅读 1

食物营养之最

填空

（1）含植物蛋白最多的食物是_____。

（2）_____含丰富的维生素 A。

（3）缺钙的人应该多吃_____。

（4）缺铁的人应该多吃_____。

以 100 克为标准：

含植物蛋白最多的是黄豆——36.3 克；

含蛋白质最多的动物性食物是鸡肉——23.2 克；

含维生素 A 最多的食品是鸡肝——5 万单位；

含维生素 B_1 最多的食品是花生米——1.03 毫克；

含维生素 B_2 最多的食品是羊肝——3.57 毫克；

含维生素 C 最多的食品是鲜枣——380 毫克；

含钙最多的食品是虾皮——2 克；

含铁最多的食品是黑木耳——185 毫克；

含脂肪最多的食品是芝麻——61.7 克；

含磷最多的菌藻类食品是紫菜——457 毫克。

（据《生活时报》曹宝鑫文）

参考词语

1. 含　　　　hán　　　　　　（动）　　包括在内
2. 维生素　　wéishēngsù　　（名）　　人和动物营养、生长所必需的某些少量有机化合物,对机体的新陈代谢、生长、发育、健康有极重要的作用
3. 钙　　　　gài　　　　　　（名）　　金属元素,符号 Ca

阅读 2

化纤的危害

现在人们穿的服装大多是化纤原料做成的,化纤已经代替了千百年来一直用做服装原料的棉布,成为主要的服装原料。应该说,化纤做成的服装有不皱、耐穿、暖和、易洗、易干等许多优点。但要注意的是,如果穿着不当,对健康带来的危害也是严重的。化纤服装吸湿率差,其中丙纶和氯纶在标准状态下吸湿率差不多等于零,腈纶的吸湿率也只有棉布的18%。这样,穿化纤服装不仅不能使汗水通过织物排出体外,而且还会使随汗水排出的各种物质慢慢积聚,伤害皮肤。此外,氯纶等还有微量的α射线和β射线,这些对人体都有害。如果用化纤做内衣、内裤就更不合适了:一些妇女长期穿尼龙内裤,引起尿道综合症、皮炎、湿疹等;涤纶内衣对健康同样不利,特别是发生烧伤时,如果穿涤纶内衣,由于熔点低,熔化物容易侵入肌体,所以会引起肌体细胞炭化,还会给抢救带来困难。

（据《知识就是力量》）

判断正误

（　）(1) 现在很多人穿化纤做成的衣服。
（　）(2) 化纤服装一点儿优点都没有。
（　）(3) 化纤服装吸汗的能力非常差。
（　）(4) 氯纶的射线对健康有好处。
（　）(5) 穿化纤做的内衣、内裤对健康有害处。

参考词语

1. 化纤　　huàxiān　　（名）　化学纤维的简称。用高分子化合物为原料制成的纤维
2. 皱　　　zhòu　　　（动）　物体表面上因收缩或揉弄变得凹凸不平
3. 吸湿　　xīshī　　　　　　吸收水分
4. 率　　　lǜ　　　　（名）　两个相关的数在一定条件下的比值
5. 积聚　　jījù　　　（动）　事物逐渐聚集
6. 射线　　shèxiàn　　（名）　波长较短的电磁波
7. 尼龙　　nílóng　　（名）　一种化学纤维
8. 熔点　　róngdiǎn　（名）　固体开始熔化为液体时的温度

阅读3

生活方式引起都市病

随着都市的发展,人们的生活习惯发生了很大的变化。与此同时,现代生活方式也在悄悄危害着都市人的健康。

现代人的食品越吃越精,纤维素长期吃得不够,引起便秘、头痛、痔疮、糖尿病、高血压、冠心病、血管硬化和肿瘤等发病率直线上升。

近年来流行吃补品,商店里到处在卖鳖精、高丽参、西洋参、燕窝和虫草。其实,专家们认为,一个人是不是健康和长寿,取决于身体有无疾病和平时的锻炼与饮食。补品只对体质虚弱者有用,一般人不应多吃。

电视已成为现代人消闲的重要工具之一,可是长时间地看电视会令人头昏脑涨、饮食规律混乱,引起近视和肥胖。

公交车、自行车、出租车和私人汽车为都市人节省了不少时间,但长期以车代步危害不小。有医生用心电图对坐汽车上班和步行20分钟以上上班的人进行测试,发现步行组心电图"缺血性异常"的发生率比坐车组少1/3。

夜生活的发展使人们成为"夜猫子"。经常睡眠不足,会引起耳鸣、

内脏功能衰弱等病症。

　　看来现代人在享受人类文明的同时,也得从生活方式的误区中走出来,才能让自己活得更健康。

(据《现代家庭》)

1. 压缩下列两个句子,在可以略去不读部分画线
(1) 现代人的食品越吃越精,纤维素长期吃得不够,引起便秘、头痛、痔疮、糖尿病、高血压、冠心病、血管硬化和肿瘤等发病率直线上升。
(2) 近年来流行吃补品,商店里到处在卖鳖精、高丽参、西洋参、燕窝和虫草。

2. 判断正误
(　)(1) 现代人的很多疾病跟现代生活方式有关系。
(　)(2) 饮食越精越好。
(　)(3) 医学专家劝人们多吃补品。
(　)(4) 长时间看电视影响身体健康。
(　)(5) 走路对身体有好处。
(　)(6) 文章劝人们要有科学的生活方式。

参考词语

1. 引起	yǐnqǐ	(动)	一种事情、现象、活动使另一种事情、现象、活动出现
2. 危害	wēihài	(动)	使受破坏;损害
3. 补品	bǔpǐn	(名)	滋补身体的食品或药品
4. 虚弱	xūruò	(形)	身体不结实、有问题

阅读 4

第一个吃西红柿的人

　　西红柿最早生长在南美洲,16 世纪以前的印第安人把它看做是有剧毒的植物,叫它狼桃。

　　一位名叫俄罗达拉里的英国公爵,在南美洲看到狼桃那枝叶繁茂、

色彩鲜艳的果子十分迷人,就挖了几棵带回英国,并把它们当做珍贵的礼物献给了女王伊丽莎白一世。从此,狼桃开始在英国种植起来,并传到欧洲其他一些国家。每当狼桃开花结果的时候,观赏者络绎不绝,但是谁也不敢上前去摸它,怕中毒。

公元18世纪,一位法国画家专心地画几棵狼桃。画着画着,不知不觉顺手摘了一个狼桃放进嘴里吃了起来,甜丝丝、酸溜溜的十分好吃,当他突然意识到吃的是狼桃时,几个果子早已到了肚里。

画家吓坏了,他知道吃了狼桃会死,就急忙跑回家,写好了遗书,穿上最好的衣服,静静地躺在床上等死。时间一个小时一个小时过去了,他没有感到一点儿不舒服,只是觉得很饿。一天过去了,他饿得实在难受,就跑到饭馆大吃了一顿。三天过去了,一周过去了,画家还健康地活着。从此,狼桃再也不可怕了。人们争着吃,它很快就成为人们喜爱的营养丰富的食品。

(据《广东商报》)

选择正确答案

(1) 从前印第安人把西红柿叫做狼桃,是因为他们认为西红柿:
   A. 长得像狼　　　　　　B. 毒性像狼
   C. 狼喜欢吃　　　　　　D. 是狼种的

(2) 那位英国公爵把西红柿带回英国,是因为他觉得西红柿:
   A. 好看　　B. 好吃　　C. 好玩儿　　D. 很贵

(3) 最先吃西红柿的人是:
   A. 印第安人　　　　　　B. 俄罗达拉里
   C. 伊丽莎白女王　　　　D. 一位法国画家

(4) 画家吃了西红柿以后怎么样?
   A. 病了　　B. 死了　　C. 胖了　　D. 很健康

(5) 人们什么时候开始敢吃西红柿?
   A. 英国公爵把西红柿带回英国以后
   B. 法国画家吃西红柿以后
   C. 伊丽莎白女王吃了西红柿以后
   D. 欧洲人到了美洲以后

参考词语

1. 毒　　　　dú　　　　　（名）　进入有机体后能跟有机体起化学变化、破坏体内组织和生理机能的物质
2. 公爵　　　gōngjué　　（名）　封建五等爵位的第一等
3. 中毒　　　zhòngdú　　（动）　指人或动物由于毒物进入体内而发生组织破坏或死亡等现象
4. 不知不觉　bùzhī-bùjué　　　自己不知道自己在做什么

阅读 5

李时珍著《本草纲目》

明代李时珍年轻时，父亲叫他参加科举考试，希望他金榜题名，可是李时珍不喜欢当官，却喜爱医学。他向父亲表示要行医的不可动摇的决心，说："身如逆流船，心比铁石坚。望父全儿志，至死不怕难。"父亲只好同意。

行医不久，由于李时珍医术高明，被请到太医院当医生。可是他看不惯达官贵人们做的事情，就毅然回乡行医。行医中，他发现以前的本草书对有些药物的性状、作用的介绍不清楚，而且有不少错误。他想：这将会造成多么可怕的后果！于是，他决心修改本草书。

他亲自到高山野地去考察，走了上万里路，采集了大量药物标本；他虚心请教民众，收集民间治病方法；他还阅读医药典籍800多种。在此基础上，他用了27年时间，写成书稿52卷190万字。后来又用了10年时间修改了3次，终于完成了《本草纲目》。书中收集药目1892种，药方11096个，附有动植物图1110幅。

《本草纲目》写成以后，产生了深远的影响，中国明清的医生都要学习它、研究它。就是在今天，它也还有非常重要的参考价值。《本草纲目》还被译成多种外文，在国外也产生了影响。

（据《百科知识》）

1. 压缩下列这句话,在可以略去不读部分画线

他向父亲表示要行医的不可动摇的决心,说:"身如逆流船,心比铁石坚。望父全儿志,至死不怕难。"父亲只好同意。

2. 选择正确答案

(1) 第一段"不可动摇"是什么意思?
　　A. 非常坚定　　　　　　　B. 不太坚定
　　C. 不能动　　　　　　　　D. 不灵活

(2) 李时珍为什么被请到太医院当医生?
　　A. 因为他长得高　　　　　B. 因为他写了《本草纲目》
　　C. 因为他治病水平高　　　D. 因为他很聪明

(3) 李时珍写《本草纲目》时,不用做下面哪个工作?
　　A. 采集药物标本　　　　　B. 收集治病方法
　　C. 阅读医药典籍　　　　　D. 给当官的送礼物

(4) 下面哪个不是《本草纲目》的内容?
　　A. 打针方法　　　　　　　B. 动植物图
　　C. 药目　　　　　　　　　D. 药方

参考词语

1.	科举	kējǔ	(名)	从隋唐到清代的封建王朝用科考选文武官吏后备人员的制度
2.	金榜	jīnbǎng	(名)	科举时代写有考取人姓名的纸
3.	毅然	yìrán	(形)	坚决地、毫不犹豫地
4.	性状	xìngzhuàng	(名)	性质和形状
5.	典籍	diǎnjí	(名)	指古代重要的图书

第二十三课

一、技　能

句子理解之二：抽取主干（一）

热身活动

阅读后用一个词回答问题

（1）在2008年5月12日四川汶川大地震中，那位不顾个人安危、沉着冷静、机智勇敢地救出两名同班同学的重灾区映秀镇渔子溪小学二年级学生、9岁小男孩林浩，成了孩子们心目中的小英雄。

问题：谁成了孩子们心目中的英雄？

（2）我那位在广州市政府工作的大学同学江涛，最近爱上了一位前几年毕业于中山大学外国语学院日语专业、现在在一家日资企业办公室做文秘工作、性格活泼、聪明可爱的西安姑娘王琳。

问题：江涛爱上了谁？

这两个句子虽然很长，但后面两个问题的答案却很简单——"林浩"和"王琳"。林浩是句子的主语，王琳是句子的宾语。是什么使句子那么长？是主语和宾语前面的复杂定语。

这一课介绍理解句子的第二个技能——抽取主干，也就是把句子的主语、谓语和宾语找出来。主干一出来，句子的定语、状语、补语也跟着出来了。这样，即使句子再长再复杂，它的结构也很清楚，意思就比较容易理解了。

这一课我们来练习怎样把主语或宾语跟复杂的定语分开。注意，要把定语和主语/宾语分开的主要标志是"的"，有的句子有好几个"的"，那就注意最后的"的"。

练习

1. 找出下列句子的主干

(1) 站着说话的那位戴眼镜的女士就是我们的班主任。

(2) 售货员是一个圆圆脸儿、大眼睛、长头发、声音甜美、热情待客的年轻姑娘。

(3) 正在四川视察工作的国务院总理温家宝听取了四川省主要领导同志的汇报。

(4) 我的一位在南京工作的姐姐前几天给我的孩子寄来了一件她亲手打的浅蓝色的毛衣。

(5) 上个月我买了一台青岛海尔电器集团公司生产的、被评为全国优质产品的海尔牌洗衣机。

(6) 十几年前我上小学时和同学们一起在操场旁边种的那棵小树，现在已经长成二十多米高的大树了。

(7) 住在308号房的那位漂亮的英国姑娘安娜今天背了一个她去云南西双版纳旅行时买的绣花蓝布包。

(8) 李平昨天晚上从北京路的新华书店买回来的那本中文小说特别有意思。

(9) 我那位在四川大学计算机学院读三年级的弟弟很爱听中国著名相声演员牛群和冯巩表演的相声。

(10) 王阿姨那位前两年从复旦大学毕业、现在在上海一家公司工作的女儿回来了。

(11) 张丽丽很喜欢我上星期天去北京路逛街时在新大新公司花了三百多块钱买的那条蓝底白花的连衣裙。

(12) 在中山大学国际交流学院学习的留学生，特别喜欢课上得很有意思、常向同学们了解学习生活情况、帮助同学们解决各种问题的陈老师。

2. 按要求给下列句子加上定语

(1) 成龙主演电影

(2) 同学听音乐

(3) ×××去了动物园。

(4) ×××爱姑娘。

(5) ×××买MP3。

(6) 老师批评同学。

注：(3)(4)(5)句的主语×××可以是班上的任何一位同学。

二、阅读训练

阅读 1

《读者》2008 年第 12 期目录

在杂志目录中寻找需要阅读的部分

(1) 想看王蒙的文章,看第_____页。
(2) 想了解德国的假钞集团,看第_____页。
(3) 想了解世界上最年轻的CEO,看第_____页。
(4) 想了解世界十大医疗进步,看第_____页。
(5) 文章《中国,挺住》在第_____页。
(6) 想了解美洲海豹,看第_____页。

期刊目录	文章	作者页码	期刊目录	文章	作者页码
	抗震救灾,众志成城		· 美术插页 ·	同风雨共担当——深切哀悼汶川大地震遇难同胞	前插 4
· 卷首语 ·	孩子,来生我们一起走	文烛 1		抗震救灾,众志成城	中插 2、3
	地震后,大爱无处不在	读者编辑部 4	歌 曲	爱与希望	词:王雅君
	捐	张丽钧 6	· 文 苑 ·	湖	王蒙 11
	祖国在上	叶舟 7		此情不渝	DAVID MOLLER 18
	中国,挺住	俄新社网站编辑部 7		盲人捕鸟	李杰玲译 21
	献给北川的橘子	朱玉 8		谋杀时间	郑衍文译 32
	默哀三分钟后我说了什么	康辉 9		文明的叛徒	洪烛 39
· 言 论 ·		10		去罗马吹灭一支蜡烛	李建明 43
	地震预测:尚在探索中的难题	孙英兰 刘巍 36		诗三首	帕斯等 57
· 封 面 ·	逝者安息,生者坚强	吕建设		影子	照日格图译 60
				看花(外两则)	方如果 61
			· 人 物 ·	世界上最年轻的CEO	纪言 24

期刊目录	文章	作者 页码	期刊目录	文章	作者 页码
	《福布斯》三代掌门的传奇人生	周有恒 50	·生活之友·	瓶瓶罐罐里的"博物经济学"	罗伯特·弗兰克 48
·名人轶事·	慌什么,总统也要仰视你	于斐 25	·心理人生·	你要不要预知今生的苦难	毕淑敏 20
	总统的胸怀	朱芳 25		学会欣赏身边的景色	安娜·昆德兰 22
	名人们情绪紧张的时候	蓁然 59		捷径有时候就是一条弯路	肖华 31
社　　会			·经营之道·	创新产品的秘诀	易溶 30
·杂谈随感·	一个医生的良心	毛学艺 12		将鱼养在沙漠里	浣溪沙 44
	给我们一个政治家	龙应台 13	天　　下		
			·趣味科学·	人脑十大奇事	赵海建 58
	现代人对付无奈的无奈之计	蒋子龙 38	·在海外·	德国纳粹:世界上最大的假钞集团	范心 28
人　　生			·知　　识·	改变世界的十大医疗进步	王荣等译 42
·两代之间·	关于妈妈	罗伯特·格鲁斯 41			
·青年一代·	驻伊美军中的中国青年	陈思 张满征 14		世界上第一个诞生的品牌	颐仰 62
·婚姻家庭·	世界上最好的女人	温莎林 16	·他山石·	碎看西洋	王力 54
			家　　园		
	怕老婆	沧浪 17	·人与自然·	美洲海豹	申贼渔 26
	最简单的感动	罗西 23	·生物世界·	动物中的"数学天才"	何京 49
	脊背上的爱	卫宜利 52	点　　滴		
·人世间·	美丽的谎言	月近人 34	·意　　林·	怒道	王鼎钧 27
	最浪漫的话	何竟 53		炎凉	王鼎钧 27
·校园内外·	一只悲怆的苹果	马德 40	·点　　滴·	数学题中的人道精神	吴若权 45
·人生之旅·	生活的边角料	胡英 33		每个人都有两扇窗	感动 47
	六十八	李家同 46		谈恺撒的一句话	蒙田 61
	分享脚底板	刘宇婷译 56		实在无话可说	蔡成 63
生　　活					

阅读 2

广州精英人力资源服务有限公司招聘广告

1. 根据下面的广告回答问题

(1) 这家公司需要多少个翻译？

(2) 这家公司需要的人才最低学历是什么？

(3) 这家公司要求的应聘人员至少有多少年的工作经验？

(4) 应聘者如得到这个职位，需要做什么类型的翻译工作？

(5) 除了所学的外语外，这家公司还要求应聘者会说什么？

(6) 这家公司大概有多少人？

公司行业：专业服务(咨询，人力资源)　公司性质：合资(欧美)　公司规模：150～500人

同声传译经理/连续传译(英、德、法各一名)
电子邮箱：utargood@gmail.com
发布日期：2008－11－14　工作地点：广州市　招聘人数：3　工作年限：3年以上
外语要求：英语精通　学历：本科

职位描述
主要职责
1.负责同声传译的工作，保证准确无误；
2.完成资料的笔译工作，确保准确及时，质量达到公司要求；
3.协助上级完成其他特别项目工作。

要求
1.英语专业本科或以上学历；
2.英语专业8级，听说读写流利，普通话、粤语流利；
3.有3年以上口译经验，尤具同声传译经验，持联合国或欧盟翻译培训证书人员优先考虑；
4.熟练使用Office办公系列软件，尤其熟练使用Word、Excel、PowerPoint；
5.性格开朗，富于责任感，善于沟通与协调，具较强独立工作能力。

(据 http://search.51job.com/jobsearch/
show_job_detail.php?id=(30745467)

2. 讨论

口译、笔译、同声传译分别是什么？

阅读 3

水上之国

荷兰是个地势很低的国家，它有1/4的土地低于海平面，就好像是停泊在海中的一艘半沉半浮的特大船只。荷兰的国土有不少是围海得来的，所以俗话说："上帝造人，荷兰人造陆地。"千百年来，荷兰人用自己的双手建造了一块块新的陆地。依靠着建堤、风车抽水，人们在地势很低的土地上种上了美丽芳香的郁金香。由于荷兰地少人多，所以房屋非常紧张。于是，在鹿特丹、阿姆斯特丹市的不少运河边上停泊着一艘艘船屋，人们就住在里面，他们可说是水上之国中的水上人家。

（据《百科知识》）

回答问题

(1) 为什么把荷兰叫做"水上之国"？
(2) 荷兰人为什么要围海造陆地？
(3) 荷兰的风车有什么作用？
(4) 荷兰为什么有那么多船屋？

参考词语

1. 停泊	tíngbó	（动）	船只停靠
2. 陆地	lùdì	（名）	地球表面除去海洋和江河湖泊的部分
3. 风车	fēngchē	（名）	利用风力的动力机械装置，可以用来发电、抽水、榨油等

阅读 4

长城的另一个作用

古代修筑长城,是为了防御北方少数民族的侵扰。长城的这个作用,人们都知道。但是人们可能不知道,长城还具有另一个作用——防止汉族人民向少数民族地区逃亡。

长城以北是少数民族生活的地区。那里的少数民族时常流动,生产力水平比较低。但是古时候那里的水土十分肥沃,利于游牧,有些地区也适合种庄稼。因此,如果没有战争,那里人民的生活比内地还要安定些。这样,如果汉族人民在战争时期或遭受压迫时,就想逃到长城以北。比如西汉元帝时,南匈奴与汉朝和好,他们向汉朝提出拆除影响双方互相交流的长城。一位熟悉边防事务的官员坚决反对,他向皇帝举出十条不能拆除长城的理由,其中有三条就说到长城有防止汉族人民向少数民族地区逃亡的作用。皇帝采纳了他的意见。

从汉朝到明朝,汉族人民翻越长城投奔少数民族的事例是很多的。各个朝代的统治者都对长城进行过修整,在一定程度上达到了他们想要达到的目的。

(据《中国文化知识精华》)

判断正误

( )(1) 修筑长城只是为了防御北方少数民族的侵扰。
( )(2) 汉族主要生活在长城以南地区。
( )(3) 古时候汉族和少数民族的关系一直都不好。
( )(4) 有人提出过拆长城的建议。
( )(5) 长城对汉族与少数民族的交流有影响。
( )(6) 只有汉朝的皇帝修补过长城。

参考词语

1. 防御　　fángyù　　(动)　　保护、抵御
2. 侵扰　　qīnrǎo　　(动)　　侵略、骚扰

3. 逃亡　　táowáng　　（动）　　逃跑
4. 肥沃　　féiwò　　　（形）　　土地的质量很好,适宜耕种
5. 游牧　　yóumù　　　（动）　　游动放牧

阅读 5

宴请朋友的方法

私人宴请不一定要大吃大喝,更多时候只是朋友们坐在一起说说话,这样的宴请在家里搞既清静又方便。要使宴会有气氛,一定要预先制订节目单,其中应包括如下几个内容:宴请的人数和名单;饭菜、饮料;花饰、布置;餐具等。

为了活跃宴会的气氛,宴请的客人最好男女都有。在决定请谁时,最重要的是客人的性格要不一样,不能全请性格活泼的人,也不能全请性格内向的人。安排座位时,男宾和女宾、爱说话的人和不爱说话的人要搭配好,不能让不爱说话的人坐在一起。

准备宴会的饭菜是一件麻烦的事,你可以在饭店买一些做好的熟菜,这样可以省去不少工夫。客人主要不是来品尝你的饭菜,所以,重要的是要在气氛上大做文章。烘托气氛的要点在于光线和音乐。光线太暗,倒酒、吃菜不方便;光线要亮一点儿,但不要亮到可以看书的程度。吃过饭以后,可以关了灯点上蜡烛。当大家都在谈话时,要播放没有歌词的轻音乐,显出主人的细心周到。桌子上插一束鲜花,可使客人心情愉快。

宴请的目的是聚会交谈、联络感情,而不是把人灌醉,因此,不要喝太多酒。主人应该选择大家都能参与的话题交谈,使整个宴会轻松愉快。

(据《浙江经济报》)

选择正确答案

(1) 在决定宴请的客人时,应该怎么样?
　　　A. 请不同性格的人　　　　B. 只请性格活泼的人
　　　C. 只请性格内向的人　　　D. 只请漂亮英俊的人

(2) 宴请朋友时什么最重要?

　　A. 饭菜　　　　B. 酒水　　　　C. 气氛　　　　D. 鲜花

(3) 根据本文,以下哪个方面与"气氛"没关系

　　A. 音乐　　　　　　　　　B. 灯光

　　C. 餐桌布置　　　　　　　D. 空气好不好

(4) 文章没有谈到哪个问题?

　　A. 宴请的人数　　　　　　B. 宴请的地方

　　C. 宴请的饭菜　　　　　　D. 宴请的费用

(5) 第三段"大做文章"是什么意思?

　　A. 多想多做　　　　　　　B. 想想怎么做

　　C. 写长文章　　　　　　　D. 写重要的文章

(6) 下面哪个句子不对?

　　A. 宴请的客人最好有男有女

　　B. 客人聊天时应该播放轻音乐

　　C. 宴请时一定要准备很多好吃的东西

　　D. 在家里宴请既安静又方便

参考词语

1. 宴请	yànqǐng	(动)	用酒饭招待
2. 内向	nèixiàng	(形)	性格、思想感情等深沉、不外露
3. 烘托	hōngtuō	(动)	陪衬,使明显突出

第二十四课

一、技 能

句子理解之二:抽取主干(二)

热身活动

阅读后用一个简短的句子回答问题
(1) 2008年9月27日,经过多年艰苦训练和严格挑选的我国航天员翟志刚,在另外两名航天员刘伯明、景海鹏的协助下,迈出了中国人在太空的第一步。
问题:翟志刚做了什么?
(2) 李梅在美国留学了三年以后,于2007年3月跟几位一起在美国留学的朋友回到了她朝思暮想的祖国。
问题:李梅做什么了?

要找到答案,就要找出句子的谓语动词,而这两个句子之所以长,就是因为在谓语动词前面有一些复杂的状语。

这一课我们练习如何把状语和谓语动词分开。注意,除了副词,表示时间、地点的词语一般都是状语,而各种介词结构一般也都是状语,如"为了……"、"在……"、"关于……"、"根据……"、"在……下"等。

练习

1. 找出下列句子的主干
(1) 在西藏旅游时,林晶为她体弱多病的妈妈买了一些西藏有名的中药冬虫夏草。
(2) 星期天晚上,我和我女朋友在广州友谊剧院观看了中央芭蕾舞剧团演出的芭蕾舞剧《天鹅湖》。
(3) 李芳生日那天,她的七八位好朋友在校园的草地上为她开了一个别开生面、热热闹闹的生日晚会。

（4）老王每天晚上吃完晚饭以后，都要看看中央电视台七点钟播出的半个小时的《新闻联播》节目。

（5）根据有近三十年教学经验的张老师的意见，年轻教师方英修改了她的选修课《中国文字学》的教学计划。

（6）在世界各国人民的热心帮助下，在全国各地的大力支持下，遭受百年不遇强烈地震的四川汶川灾区人民顽强地度过了灾后最艰难的日子。

（7）为了能考上一个好大学好专业，让辛辛苦苦养育自己的爸爸妈妈高兴，杨阳最近几个月白天黑夜都非常努力地复习功课。

2. 按要求给下列句子加上状语
（1）成龙主演电影
（2）同学听音乐
（3）×××去了动物园。
（4）×××爱姑娘。
（5）×××买 MP3。
（6）老师批评同学。

注：(3)(4)(5)的主语×××可以是班上的任何一位同学。

二、阅读训练

阅读 1

中国十大最美丽的乡镇

1. 填空
（1）世界地质公园是_____。
（2）最小的镇是_____。
（3）在京杭运河边的是_____。
（4）世界上 40% 的陶瓷产品来自_____。
（5）有最大的乡村图书馆的是_____。

1. 内蒙古额尔古纳室韦

这里是蒙古族的发源地。蓝天、绿草,白桦林、神秘的玛瑙草原,时缓时急的河水养育着亚洲最美的湿地。

2. 安徽西递宏村

它是中国村镇中第一个世界文化遗产。历经八百年,是明清民居的博物馆,更是人与自然结合的典范。

3. 福建泰宁

藏于深山的汉唐古镇,武夷山下的两宋名城,千姿百态的丹霞地貌,与广阔的湖面完美结合,成就了举世闻名的世界地质公园。

4. 浙江乌镇

京杭运河边上的古镇,清水穿城过,人家尽枕河。

5. 山西张壁

这是世界建筑史上罕见的袖珍小城,0.1平方公里的面积,古堡地道、宫殿庙宇,各种建筑一应俱全。

6. 广西兴安

连接湘江和漓水的地方,古树参天,古巷幽深,水街水清,灵渠有灵。

7. 浙江南浔

太湖边上的鱼米之乡,古镇中的文化重地。

8. 江苏同里

河水把它分割成7座街区,30座古桥把它连缀成小城。家家临水、户户通船,醇正水乡,旧时江南。

9. 广东石湾

全世界40%的陶瓷产品来自这里,全国1/7的工艺美术大师集中在这里。石湾,南国的陶都。

10. 云南和顺

乡虽小,却有全国最大的乡村图书馆。这里融合了小桥流水的江南风情和火山温泉,是亚热带风光。

2. 讨论

(1) 这些乡镇中南方的多还是北方的多?
(2) 这些乡镇在环境方面有什么共同点?

参考词语

1. 发源地　fāyuándì　（名）　开始的地方
2. 地质　　dìzhì　　　（名）　地壳的成分和年代
3. 陶瓷　　táocí　　　（名）　泛指无机非金属材料经高温烧成的坚硬多晶体

阅读 2

海鸟是怎样发现食物的

辽阔的大海上，碧波粼粼，天空中，一群海鸟展翅高飞。突然，它们一齐扑向海面，争先恐后地大吃起来。

那么，这些海鸟是怎样发现食物的呢？据美国加利福尼亚大学的一些学者发现，海鸟是嗅到食物的气味才聚到海面上来的。它们对浮游生物发出的硫化物味有一种特殊的嗅觉。

说来很有意思，海鸟的这一特殊本领是人们在无意中发现的。据说几个学者在进行其他调查时，把一些硫化物散布到空中，那些海鸟便聚到落在海面上的硫化物上面。原来，这些硫化物的气味跟那些植物性浮游生物被动物性浮游生物吃掉时产生的气味相同。

动物性浮游生物不仅是海鸟喜欢的食物，也是各种鱼类的上等食品。因此，海鸟靠着它那能嗅出浮游生物气味的本能，在闻味而聚之后，不仅可以饱餐一顿浮游生物，而且还可能吃到前来吃浮游生物的各种鱼类，真是一举两得。

（据《知识就是力量》）

判断正误

（　）(1) 海鸟是靠嗅到食物的气味来发现食物的。
（　）(2) 硫化物的味道和动物性浮游生物的气味相同。
（　）(3) 学者们进行了长时间的大量研究，终于弄清楚海鸟是怎样发现食物的。
（　）(4) 海鸟只吃动物性浮游生物，不吃鱼类。

参考词语

1. 嗅　　　xiù　　　　　　（动）　用鼻子辨别气味；闻
2. 聚　　　jù　　　　　　　（动）　集中在一起
3. 浮游生物　fúyóu shēngwù　　　　生活在海里或湖里、行动能力微弱、全受水流支配并且身体较小的动物或植物，如水母、藻类
4. 硫化物　liúhuàwù　　　　（名）　一种物质

阅读 3

第七营养素

我们知道，蛋白质、脂肪、碳水化合物、矿物质、水与维生素是人体必需的六大营养素。现代科学证明，纤维素也是人体必需的营养素之一。因此，我们把纤维素称为"第七营养素"。

纤维素既不溶于水，又不溶于乙醇等一般溶剂。人们从食物中得到的纤维素也不容易消化、吸收。正是这个特点，纤维素可帮助人们带走体内的有害物质。食用一定量纤维素后，纤维素进入小肠，把脂肪、胆固醇等挤走，使小肠尽量少吸收脂肪与胆固醇，使得大便通畅。经常食用纤维素多的食物，对糖尿病、肥胖症也有治疗的作用。豆科植物，如青豆、小扁豆等，还有土豆、玉米、青菜与水果，都含有比较丰富的纤维素。为了身体健康，请不要忘了经常食用"第七营养素"——纤维素。我们提倡营养均衡，就是说要"荤素搭配、粗细搭配"，其中"素"与"粗"指的就是纤维素。如果太"食不厌精"，那不是科学的饮食方法。

（据《知识就是力量》）

填空
(1)"第七营养素"是指_____。
(2)纤维素的特点是不容易被人体_____。
(3)纤维素能带走人体内的_____。
(4)为了得到丰富的纤维素，可以吃_____、_____和_____等食物。

参考词语

1. 营养素　　yíngyǎngsù　　（名）　食物中具有养分的物质
2. 溶　　　　róng　　　　　（动）　一种物质均匀分布在另一种物质中成为溶液
3. 消化　　　xiāohuà　　　（动）　食物在人或动物体内，经过物理和化学作用而变成能够溶解于水并可以被机体吸收的养料
4. 均衡　　　jūnhéng　　　（形）　平衡
5. 食不厌精　shíbúyànjīng　　　　喜欢吃精美的东西

阅读 4

美国首位黑人总统奥巴马的童年

在2008年的美国总统大选中，巴拉克·奥巴马以绝对优势战胜了对手，成为美国首位黑人总统。

奥巴马出生于夏威夷。后来成为经济学家的父亲贝拉克·奥巴马当时是一名在夏威夷念书的肯尼亚留学生，而结婚时只有18岁的原本来自肯萨斯州的母亲安·邓纳姆则是一位白人教师。这段婚姻很短暂，老奥巴马要去哈佛大学攻读经济学的博士学位，就把年轻的妻子和年幼的儿子抛下了，他没有钱带上他们同去。那时小奥巴马只有2岁。

邓纳姆后来嫁给了一名印尼石油公司的经理罗罗·素托罗。素托罗由于工作的关系需要去雅加达，于是，邓纳姆带着6岁的奥巴马去了印尼。奥巴马在印尼度过了四年的童年时光。

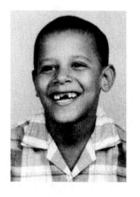

奥巴马10岁时回到了夏威夷，当时他的母亲在攻读人类学博士学位，他大部分时间和外祖父、外祖母生活在一起。当时的生活十分困难，一家人挤在一个很小的公寓里面。奥巴马的外祖父换

过很多份工作,先做过家具推销员,还当过一名很失败的保险经纪;外祖母在一家银行工作。

虽然生活困难,他们还是把奥巴马送进了夏威夷普纳后私立学校。这所学校是夏威夷甚至全美国最优秀的私立学校之一,具有百年历史,学费很贵,但是人们总是想尽办法让孩子进这个学校读书。因为一旦进去了,孩子以后就会有很好的前途。

1. **找出句子主干**
(1) 后来成为经济学家的父亲贝拉克·奥巴马当时是一名在夏威夷念书的肯尼亚留学生。
(2) 结婚时只有18岁的原本来自肯萨斯州的母亲安·邓纳姆则是一位白人教师。

2. **选择正确答案**
(1) 奥巴马外祖父和外祖母可能从哪里来?
　　A. 印尼　　　B. 夏威夷　　　C. 肯尼亚　　　D. 肯萨斯
(2) 奥巴马是和谁一起长大的?
　　A. 妈妈　　　B. 外祖父　　　C. 外祖母　　　D. 以上全部
(3) 奥巴马的妈妈博士研究生学的专业是什么?
　　A. 经济学　　B. 人类学　　　C. 教育学　　　D. 以上全部
(4) 奥巴马外祖母的工作是:
　　A. 推销员　　B. 保险经纪　　C. 教师　　　　D. 银行职员
(5) 文章里没说,但我们可以看出来:
　　A. 奥巴马的母亲也是黑人
　　B. 奥巴马童年很快乐
　　C. 奥巴马的母亲、外祖父母很重视对他的教育
　　D. 奥巴马在印尼住过四年

参考词语

1. 攻读	gōngdú	(动)	努力读书或研究一门学问
2. 抛下	pāoxià	(动)	丢下不管
3. 经纪	jīngjì	(名)	为买卖双方做介绍并从中得到钱的人

阅读 5

请热爱你的工作

如果你从事的工作是你不喜欢的,可能对你造成压力,长期这样会使你感到疲惫不堪,还容易得病。专家们的研究表明,长期在高度压力下工作的人,有一半可能会经常头疼、感冒、消化不良、患支气管炎和肺炎。有一种人一上班就出现头疼、背痛、胃痛的症状,一到周末这些症状就奇迹般地消失了,但是星期一上班后,这些症状又重新出现。专家们发现,那些从事自己所不喜欢的工作的人,比起那些从事自己所喜爱的职业的人,得结肠癌与直肠癌的机会要多五倍。

如果你从事的是你所不喜欢的工作,又不能调换或辞职不干,那该怎么办呢?专家们认为,应想办法使你的工作变得有挑战性和多样性,也就是说变得有意思,这往往不在工作本身,而在于自己怎么看待和处理工作。一个人只要能把平凡的工作看成一种荣誉,那么工作就不会成为负担。

(据《知识就是力量》)

选择正确答案

(1) 第一段"疲惫不堪"是什么意思?
　　A. 非常累　　B. 不累　　C. 不舒服　　D. 不知道怎么办

(2) 做自己不喜欢的工作对身体有什么影响?
　　A. 对身体有好处　　　　B. 对身体有害处
　　C. 对身体没影响　　　　D. 使人变得奇怪

(3) 如果你做的是自己不喜欢的工作,又不能换工作,应该怎么办?
　　A. 不做工作　　　　　　B. 少做点儿工作
　　C. 跟领导做朋友　　　　D. 想办法使工作变得有意思

(4) 下面哪句话不对?
　　A. 有些不喜欢自己工作的人上班时身体不舒服
　　B. 喜欢自己工作的人不像不喜欢自己工作的人容易得病
　　C. 喜欢自己工作的人比不喜欢自己工作的人容易得病
　　D. 文章劝人们喜欢自己的工作

参考词语

1. 压力　　yālì　　（名）　这里比喻人承受的负担
2. 奇迹　　qíjì　　（名）　想象不到的不平凡的事情

第二十五课

一、技　能

句子理解之二:抽取主干(三)

热身活动

阅读后用一个简短的句子回答问题

(1) 2008年8月8日北京奥运会开幕式以后,那位在开幕式上身穿红色纱裙演唱《歌唱祖国》、有着天使般纯洁笑容、天籁般美妙歌喉的9岁北京小女孩林妙可,一夜之间在世界范围内成了一个知名度很高的小明星。

问题:谁成了小明星?

(2) 从2008年年初开始,经过连续几年的疯狂上涨,已达两万元人民币一平方米高位的深圳楼价,在政府各项相关政策的干预下,在众多无房者的期盼中,终于开始下跌。

问题:深圳楼价怎么了?

这两个句子同时有着复杂的定语和状语。这一课,我们做个综合练习,熟悉一下这类句子。

练习

找出下列句子的主干

(1) 2006年春节,十一岁就跟着叔叔离开家乡、在美国生活了五十多年的老华侨周先生,带着妻子和两个儿子,又一次回到了常常出现在梦中的家乡台山。

(2) 昨天晚十八点到十点,中文系研究中国古典文学的王天起教授在文科大楼308大教室做了一个关于清代著名小说《红楼梦》的学术报告。

(3) 去年夏天,我那刚结婚不久的妹妹在北京路的广州百货大厦买了一台广东顺德科龙电器集团公司生产的、被评为全国优质产品的科龙空调。

（4）放在宿舍楼前边的自行车棚里的那辆浅紫色女式自行车，是我同屋邓青的。

（5）清华大学刘天明老师编的介绍一般电脑知识和使用方法的科学普及读物《电脑入门》，受到广大读者，特别是文化水平不高的读者的欢迎。

（6）1997年2月19日，中国人民的伟大儿子、党和国家卓越的领导人、带领亿万中国人民走上富裕之路的改革开放总设计师邓小平，因病在北京逝世。

（7）张文的姐姐在上海最热闹的商业街南京路开的那家专卖女士服装的小店，每个月可以赚几万块钱。

课堂活动

1. 以下几件事情，班上哪位同学可能会做或很擅长做

喝酒　　跳舞　　交朋友　　开餐厅　　打电子游戏　　打扫厕所

2. 选出最可能做这六件事情的同学，在黑板上写出他们的名字，并完成六个句子
如：阿里喝酒／马力跳舞／白云交朋友／……

3. 分小组分别给这六个句子加上定语和状语，看哪个小组的句子最长最有趣
例：何小华做菜——除夕晚上，何小华在家里做了满满一桌子好看又好吃的菜。

二、阅读训练

阅读1

外国人申请中国永久居留权的手续

一、填写《外国人在中国永久居留申请表》；

二、有效的外国护照或者能够代替护照的证件；

三、中国政府指定的卫生检疫部门出具的或者经中国驻外使、领馆认证的外国卫生医疗机构签发的健康证明书；

四、经中国驻外使、领馆认证的国外无犯罪记录证明；

五、四张二英寸近期正面免冠彩色照片；

六、《外国人在中国永久居留审批管理办法》规定的其他有关材料。

填空

(1) 外国人要想永远留在中国首先要填写的表格是_____。
(2) 需要的证件是有效的_____。
(3) 健康证明书必须是由中国政府指定的_____出具,或者是经中国驻外使、领馆认证的_____签发。
(4) 在国外无犯罪记录的证明必须是经_____认证的。
(5) 需要四张二英寸的_____照片。

参考词语

1. 居留　　jūliú　　　　（动）　停留居住
2. 检疫　　jiǎnyì　　　　（动）　检查疾病
3. 认证　　rènzhèng　　（动）　承认并证明
4. 签发　　qiānfā　　　　（动）　同意后签名正式发出（证件等）
5. 免冠　　miǎnguān　　（动）　不戴帽子

阅读2

轻　轨

　　轻轨交通是城市交通的一种,也就是人们常说的快速有轨交通,是20世纪70年代发展起来的一种新型城市公共交通系统,因为它具有很多优点而越来越被人们所认可,成为当今世界上发展最为迅猛的轨道交通形式,其优点主要表现在以下几个方面:

　　第一,运量大。这是相对于无轨电车和公共汽车来说的。近些年来逐渐发展起来的轻轨交通,大多是采用电子控制技术的较为先进的有轨电车,可以拖挂多节车厢,而其单向最大高峰小时客流量可以达到3万人次。

　　第二,噪音小、污染小。轻轨采用电力机车牵引,而且还可以将其所产生的噪音控制在国家规定标准70分贝左右。

第三,速度快、安全性高。这两者在交通中一直以来似乎是一对不可调和的矛盾,但轻轨却解决了这个矛盾。因为轻轨在专用铁道上行驶,这样就可以避免经常发生交通事故。

第四,灵活性高、成本小。这是相对地铁等其他城市有轨交通来说的。轻轨可以采用多种形式的站台上下乘客,而且可以与其他有轨系统共用轨道,因此其投入的成本就非常小。

第五,运行准时。这可能是对乘客来说最具诱惑的一条,因为采用电子控制及专用轨道,不仅安全,而且准时。

正因为轻轨具有以上诸多优点,使得它成为现代化大都市公共交通的重要选择,与地铁、公路等公共交通共同组成了城市中立体交通网络,改善了城市中人口与交通的紧张关系,提升了城市人群的生活品质。

判断正误

(　)(1) 轻轨是20世纪发明的。
(　)(2) 轻轨越来越受欢迎。
(　)(3) 世界上越来越多的地方有轻轨。
(　)(4) 轻轨每小时最大的双向流量为3万人次。
(　)(5) 建设轻轨比较便宜。
(　)(6) 轻轨的速度快,而且可以避免交通事故。
(　)(7) 轻轨很准时,所以大家都很喜欢。
(　)(8) 轻轨就是地铁,是有轨交通工具。

参考词语

1. 迅猛　　xùnměng　　(形)　　迅速猛烈,形容事物发展得很快
2. 噪音　　zàoyīn　　　(名)　　不好听的声音,人听了感觉不舒服的声音
3. 诱惑　　yòuhuò　　　(动)　　吸引人去做一件事

阅读3

名人名言

1. 生活中最大的乐趣就是去做别人认为你做不到的事情。

——沃尔特·白芝浩(Walter Bagehot,1826～1877),英国经济学家、记者

2. 人们总是相信不认识的人,因为从来没有被这些人骗过。

——萨缪尔森·约翰逊(Samuel Johnson,1709～1784),英国作家

3. 当一个男人终于觉得他老爸说的话其实不错的时候,一般来说这个男人已经有了一个儿子,而且这个儿子开始认为老爸说什么都不对了。

——查尔斯·沃兹沃斯(Charles Wadsworth,1917～),美国作家、艺术家

4. 没有人比刚度假归来的人感觉更需要度假。

——阿尔伯特·哈伯德(Elbert Hubbard,1856～1915),美国作家

5. 世上有两种人最没用:一种人是你告诉他怎么做,但什么事情他都做不好;另一种是你不告诉他怎么做,他就什么也做不好。

——赛洛斯·科蒂斯(Cyrus H. Curtis,1850～1933),美国出版家

6. 洋葱可以让人流泪,但是世上却从没有发现一种能搞笑的蔬菜。

——韦尔·罗杰斯(Will Rogers,1879～1935),美国喜剧演员

7. 人间的最大讽刺就是谁也别想活着出去。

——罗伯特·海因莱因(Robert Heinlein,1907～1988),美国科幻作家

8. 我们的语言中有很多高尚的词汇,在生活中却怎么也找不到对应的行动。

——阿比盖尔·亚当斯(Abigail Adams,1744～1818),美国第一夫人

9. 真正的智者,不仅要能够爱自己的敌人,还要能恨自己的朋友。

——弗里德里希·尼采(Friedrich Nietzsche,1844-1900),德国哲学家

10. 人生的悲剧啊：上半辈子被父母毁了，下半辈子被孩子毁了。
——克伦斯·达洛(Clarence Darrow, 1857~1938)，美国律师

1. 三到四个同学一组完成以下任务

把这十句名言按内容分类，并说明理由。

2. 阅读以下段落，找出里面的人名，看哪个小组找得快

导演用了两个细节去表现秘密警察魏斯乐是怎么被打动的：一个是他被布莱希特的诗歌打动；一个是他监听到作家弹奏的贝多芬风格的钢琴曲，激动落泪。如果布莱希特和贝多芬有那么大力量，或许纳粹德国以及后来的东德根本就不会存在。奥斯维辛集中营的司令官克拉麦，听到舒曼的梦幻曲会潸然泪下；秘密警察副首领海德里希热爱海顿和莫扎特的乐曲；希特勒则对四位音乐家格外着迷……

参考词语

1.	讽刺	fěngcì	（动）	用比喻、夸张等手法对人或事进行揭露、批判或嘲笑
2.	高尚	gāoshàng	（形）	道德水平高，有意义的
3.	悲剧	bēijù	（名）	令人难过的故事或事情
4.	毁	huǐ	（动）	破坏，糟蹋

阅读4

《家庭》杂志谈心栏目：
读者来信及主持人的回信

佳宁：

我是贵刊的忠实读者，你给各位读者解答问题的信，我更是每信必读。现在，我自己也有难处，便想到了你。

我是一个新婚一年的女人，丈夫在和我结婚前曾结过一次婚。最近，我无意中发现他还保存着他们以前的照片，而他却对我说以前的照片都烧掉了。我是一个很重感情的人，人们到现在还不理解我，一个年轻漂亮的姑娘，为什么要跟一个没钱又结过婚的男人结婚。现在我给

了他全部的爱,却不能使他忘记过去。你说我该怎么办?假装不知道,让他把照片保存下去,还是请他烧掉?

四川　晓丹
2008 年 4 月 23 日

晓丹姑娘:

　　心胸开阔,爱的路会越走越宽;心胸狭隘,爱的路便越走越窄。你大概有这样的想法:自己作为一个没有结过婚的女子,和结过婚的他结婚,虽说是为了爱,但总是自己付出的多,丈夫应该加倍地报答自己。正因为有这种想法,你很计较丈夫的过去,当发现丈夫保存着旧日的照片时,便觉得丈夫给你的爱不是全部。我觉得你的想法是不对的。

　　爱,是不应该斤斤计较的。不管他有没有结过婚,你们都是平等的,没有什么报答的问题。你不要受世俗观念的影响,认为丈夫结过婚,便贬值了。一个人的价值不在这里。结婚前你已经知道他结过婚,但你还是决定跟他走在一起,这说明他身上有很多优点吸引你,这才是他的真正价值。走在一起只是爱的第一步,你只有从心理上真正接受并尊重丈夫以前的感情历史,才能完全接受他。我分析你丈夫当初骗你说照片已烧掉,也是因为觉得你太计较他的过去,不得不说假话。一个人不能改变过去,保存一些照片作为对过去那段感情历史的纪念,是十分正常又十分合理的,你不能因此觉得他不爱你,对不起你。

　　在看待丈夫的过去这点上,你是狭隘了点儿。我认为你应该放开心胸,尊重丈夫的过去,告诉他你理解并尊重他保存照片的做法,请他不必说假话。他一定会为你的理解和信任而感动,他只会更爱你,你在他心中也会显得更完美。

佳宁
2008 年 5 月 2 日

选择正确答案

(1) 佳宁是什么人?
　　A. 杂志谈心栏目的读者　　　　B. 杂志谈心栏目主持人
　　C. 结婚不久的女人　　　　　　D. 晓丹的姐姐

(2) 晓丹是什么人?
　　A. 杂志谈心栏目的读者　　　　B. 杂志谈心栏目主持人
　　C. 不爱丈夫的女人　　　　　　D. 佳宁的妹妹

(3) 晓丹为什么给佳宁写信?
    A. 她回答佳宁提出的问题   B. 她向佳宁请教问题
    C. 她想向佳宁借一些钱   D. 她和佳宁是多年的老朋友

(4) 晓丹的丈夫结了几次婚?
    A. 一次   B. 两次   C. 三次   D. 四次

(5) 晓丹遇到什么问题:
    A. 她对婚姻的付出比丈夫多   B. 丈夫不爱她了
    C. 丈夫对她的爱不完整   D. 丈夫保存前妻的照片

(6) 佳宁觉得晓丹丈夫的做法怎么样?
    A. 正常   B. 合理   C. 不正常   D. A 和 B

(7) 佳宁劝晓丹怎么做?
    A. 烧掉丈夫旧日的照片   B. 尊重并理解丈夫保存旧日照片的做法
    C. 认识丈夫的真正价值   D. 全心全意地爱丈夫

参考词语

1. 狭隘   xiá'ài   (形)   心胸、气量、见识等局限在一个小范围里;不宽广
2. 报答   bàodá   (动)   用实际行动表示感谢
3. 贬值   biǎnzhí   (动)   指价值变低

第二十六课

一、技　能

句子理解之三：抓关键词及关键标点符号

热身活动

阅读下列几个句子并说说句子的意思
(1) 这件事你可千万别告诉她。
(2) 你还说你没有漂亮衣服呢，这条连衣裙不是很好看吗？
(3) 这么贵的汽车我哪儿买得起啊？
(4) 她的事情我怎么会知道呢？
(5) 我两岁儿子"写"的字谁也不认识。

本课介绍理解句子的第三种技能——抓关键词及关键标点符号。关键词是指对全句意思起决定作用的词。这些词往往没有实际的意义，但却对阅读理解非常重要。

比如，热身活动里的第一句："这件事你可千万别告诉她。""别"决定了句子表示的是否定的意思。再比如："这条连衣裙不是很好看吗？""我哪儿买得起啊？"其中"不是……吗"和"哪儿"决定了句子是反问句，表示句子真正的意思与字面意义相反。

阅读时有些特殊的标点符号对理解也很重要。比如："我两岁儿子'写'的字谁也不认识。""写"字加引号表示儿子不是真的会写字。

练习

根据提示完成句子
(1) 他哪儿＿＿＿＿＿＿啊？
提示：他不是法国人。

（2）我难道＿＿＿＿＿＿＿吗？

提示：我告诉你了。

（3）杨小燕今天发高烧，怎么能＿＿＿＿＿＿＿呢？

提示：杨小燕不能来上课。

（4）这件外衣不是＿＿＿＿＿＿＿吗？

提示：这件外衣很好看。

（5）对外国人来说，学会用筷子并非＿＿＿＿＿＿＿。

提示：外国人学会用筷子不容易。

（6）见过晶晶的人没有＿＿＿＿＿＿＿的。

提示：每个见过晶晶的人都喜欢她。

（7）谁都＿＿＿＿＿＿＿＿＿＿＿。

提示：每个人都要吃饭穿衣。

（8）杨先生哪儿＿＿＿＿＿＿＿＿＿＿＿。

提示：杨先生去过很多地方。

（9）那位白头发老人下车的时候差点儿＿＿＿＿＿＿＿。

提示：老人没摔倒。

（10）上星期小刘买了几张兑奖券，差点儿＿＿＿＿＿＿＿。

提示：小刘没得特等奖。

（11）我不爱＿＿＿＿＿＿你＿＿＿＿＿。（标点）

提示：我很爱你。

（12）他可真＿＿＿＿＿＿努力＿＿＿＿＿＿，一个星期有三天不来上课，十次作业有七次不做。（标点）

提示：他不努力。

二、阅读训练

阅读1

神秘的圣女眼

迅速查找答案

（1）这幅圣女像是什么时候什么人画的？

（2）圣女像的双眼有多长？

（3）谁最先发现圣女像眼中有人影？

(4) 1951年,专家们利用什么看到圣女像的右眼中确实有个印第安人半身像?
(5) 1979年,一位美国教授利用电脑对圣女像进行研究,在圣女像的双眼中发现了多少个人影?

　　在墨西哥瓜德罗普教堂里,有一幅圣女像,是16世纪一位印第安人的作品。
　　1929年,这个教堂的摄影师阿方索·马尔古埃偶然发现在圣女像右眼中,有一个奇怪的人影。教堂里其他人叫他不要说出去。
　　1951年,一位画家也发现圣女像右眼中有人影。于是,此事就传了出去,引来许多人对圣女像进行科学研究。二十多位专家通过放大40倍的显微镜,看到圣女像右眼中确实有个人影,并且能看出是一个右手摸着胡子、头发斑白的印第安人半身像,他好像正在考虑问题。这一发现引起了更多人的兴趣。
　　1979年2月,美国纽约的汤斯曼教授利用电脑把图像放大2700倍,结果在圣女像的双眼中发现了12个人影,有坐着祈祷的半裸体印第安人,有手摸胡子的白发老人,有带一群孩子的年轻女人,还有手拿帽子的印第安农民等。
　　在只有8厘米长的圣女像的双眼中,竟画得下这么多不同的人物。这是多么了不起的画画儿技术啊!

(据《百科知识》)

参考词语

1.	教堂	jiàotáng	(名)	宗教信徒举行宗教仪式的地方
2.	显微镜	xiǎnwēijìng	(名)	观察微小物体的光学仪器
3.	祈祷	qídǎo	(动)	一种宗教仪式,信仰宗教的人向神默告自己的愿望
4.	裸体	luǒtǐ	(动)	没穿衣服,光着身子

阅读 2

服用维生素制剂并非有益无害

人们一直认为维生素制剂对身体有好处,世界各国都有不少人在服用维生素制剂。然而,最近科学家们研究发现,随便服用维生素制剂对身体是有害的。

芬兰国家公共卫生研究所的科学家对 29000 名每天抽烟 20 支的人进行了 6 年试验:其中一半人每天服用 50 毫克的维生素 E 或 20 毫克的胡萝卜素,或者两种都服用;而另一半人只服用没有一点儿药物的安慰剂。6 年后的结果是:服用维生素制剂的人肺癌发病率比另一半人高 18%,脑血栓的发病率也高。这个结果表明维生素制剂并没有防癌的作用,与人们长期以来形成的一般看法不同。

科学家们认为,应该食用多种多样的食物来获得充分的营养,特别是多吃蔬菜和水果,这样可以获得天然维生素,既安全又有用。只有在食物种类太少的情况下,才需要服用维生素制剂。

(据《家庭生活报》蒲昭和文)

选择正确答案

(1) 这篇文章的主要内容是:
    A. 服用维生素制剂对身体有好处
    B. 服用维生素制剂对身体并不是只有好处没有害处
    C. 维生素制剂并没有防癌的作用
    D. 服用维生素制剂对身体有害

(2) 科学家的试验结果是服用维生素制剂的人得肺癌的比不服用维生素制剂的人:
    A. 多   B. 少   C. 一样   D. 差不多

(3) 科学家劝人们:
    A. 吃天然维生素   B. 吃多种食物
    C. 多吃维生素制剂   D. 吃安全的食物

参考词语

1. 服用　　　fúyòng　　　（动）　吃（药）
2. 制剂　　　zhìjì　　　　（名）　生物或化学药品经过加工后制成的药物
3. 毫克　　　háokè　　　 （量）　公制重量单位,一毫克等于一克的千分之一
4. 胡萝卜素　húluóbosù　 （名）　有机化合物,胡萝卜、蛋黄和乳汁里含量较多
5. 癌　　　　ái　　　　　（名）　上皮组织生长出来的恶性肿瘤

阅读 3

正月初二回娘家

正月初二,按中国的传统,是已经出嫁的女人回娘家的日子。以前,到了这一天,一大早街上就有许多出嫁了的女人拉着老公和孩子,提着礼物,高高兴兴往娘家赶。要是在农村,往往就是"左手一只鸡,右手一只鸭",还得赶上几十里山路呢!现在,虽然很多人电话拜年、旅游过年,但"初二回娘家"仍然是不少女人喜欢做的事。回娘家,对结了婚的女人来说总是件高兴得甚至有点儿自豪的事:娘家有钱的,她便为自己的家世自豪;婆家有钱的,她就为自己嫁得好而自豪。总之,这一天也算女人的节日之一。

我姑姑特别看重"初二回娘家"。奶奶在世的时候,每到正月初二,她一定和丈夫、儿女一起来看望奶奶;后来奶奶去世,我父亲——她孩子的舅舅就成了娘家人的代表。每到这一天,她全家就到我家来,孩子们在一起高兴地唱呀跳呀!我们家也非常看重这一天,东北人最爱吃的驴肉、飞龙和平时吃不着的各种山珍海味都等到这一天来吃。所以,在我的童年,对"正月初二回娘家"印象特别深,我觉得这天甚至比除夕还热闹。

人们说女人有三个家:婆家、娘家和自己的小家。不管公婆怎么样把她当成自己的女儿,也不管她在婆家多么能干,但是在她心里,娘家仍是最温馨的。那是她长大的地方,是她可以任性撒娇,可以张口就

吃、蒙头便睡的地方。

　　民间有"一个女儿半个贼"的说法，意思是出嫁了的女儿喜欢往娘家拿东西。这说明女儿虽然出嫁了，但仍然想着娘家。其实，不仅是女儿，很多女婿比女儿还积极地往岳父岳母家送东西呢，这真让岳父岳母们高兴。难怪越来越多的人喜欢生女儿了。

（据《南方日报》）

1. 判断正误
（　）(1) 娘家是结了婚的女人的父母的家。
（　）(2) 婆家是母亲的母亲的家。
（　）(3) 正月初二是中国的传统节日之一。
（　）(4) 现在出嫁了的女人正月初二都不回娘家了。

2. 选择正确答案
(1) 第一段"老公"是什么意思？
　　A. 爷爷　　　B. 外公　　　C. 丈夫　　　D. 老男人
(2) 第二段"看重"是什么意思？
　　A. 看得很重要　　　　　　B. 看得不重要
　　C. 觉得有意思　　　　　　D. 觉得没意思
(3) 第二段"山珍海味"指什么？
　　A. 难吃的东西　　　　　　B. 好吃的东西
　　C. 好玩儿的东西　　　　　D. 难得吃到的东西
(4) "我"为什么对"正月初二回娘家"印象特别深？
　　A. 因为"我"姑姑和"我"一家都很看重这一天
　　B. 因为这一天"我"姑姑送给"我"很多礼物
　　C. 因为小时候这一天"我"家里特别热闹
　　D. A 和 C
(5) 第四段"岳父岳母"是什么意思？
　　A. 父母　　　B. 祖父祖母　　C. 丈夫的父母　D. 妻子的父母
(6) 为什么越来越多的人愿意生女儿？
　　A. 女儿对父母好　　　　　B. 女儿爱偷东西送回娘家
　　C. 女婿让人高兴　　　　　D. 女儿可以带回很多钱

参考词语

1. 出嫁　　chūjià　　（动）　　女子结婚
2. 自豪　　zìháo　　（形）　　因为自己或与自己有关系的集体或个人具有优良品质或取得伟大成就而感到光荣
3. 撒娇　　sājiāo　　（动）　　仗着受人宠爱而故意作态

阅读 4

转让婚姻介绍所

有个朋友在美国混了五年，钱赚了一些，绿卡也拿到了，就有一样不满意：三十六七了，还没找着对象。于是去婚姻介绍所，希望用上半年时间，找个合适的。虽然纽约中文报纸上的婚姻介绍所挺多，可他按着地址找，总是碰钉子。

他去的第一个介绍所在曼哈顿，开门时间却不营业，让朋友吃个闭门羹。第二个先打电话预约，没人接。只有录音，要顾客留下信息。朋友说好时间，约我一起去。楼房挺漂亮，但房间都是出租的。走上二楼，是个医院，怎么跟医院混在一起？朋友有点儿不高兴。大概是让人联想到结婚生孩子吧。走到尽头的一间小房子，门口写着××婚姻介绍所，可是又没有人。第三个是打通电话约定好才去的，总算进了门。说是要交二百美元，可以把你的资料输入电脑，并根据你的要求提供有关资料。朋友找了半天，很少有满意的。终于碰上一个"好的"，一见面，跟资料上说的相差特别大。用了两个月，没有一点儿收获。朋友大骂婚姻介绍所骗钱。

后来一想，既然骗钱这么容易，不如自己也来试试。说干就干，马上申请，一个月就开张了。其实就是租个写字间，买个电脑，登个广告。当然，广告的中英文版还有区别：中文的主要介绍白人男士，英文的主要介绍亚裔女士。这个办法果然不错，才三个月，就净赚了一万多，而且还真玉成了几对。

最让朋友开心的是,一边赚着钱,一边还能免费找对象。不到一年,还真找到一个合适的,是个台湾姑娘,读完硕士在一家公司工作。这本来是件好事,谁知道两个人一谈起恋爱竟把生意都忘了。爱得越深,生意越差;越接近结婚,婚姻介绍所越亏本。我取笑他说:怪不得那么多介绍所总是关门,都是因为老板忙着恋爱结婚。

蜜月刚结束,朋友正要去介绍所,新娘子说:"你不就是为了找老婆才开的介绍所嘛,现在还去干什么?"

朋友心里一惊!于是到处对朋友说:"谁想结婚?这儿有个婚姻介绍所可以转让。"

(周小兵)

选择正确的答案

(1) 第一段中的"碰钉子"是什么意思?
　　A. 被钉子扎到手　　B. 不顺利
　　C. 撞到钉子上　　　D. 受到伤害

(2) 第二段中的"吃个闭门羹"是什么意思?
　　A. 没办法进门　　　B. 被赶出门
　　C. 关门　　　　　　D. 吃了一种食物

(3) 朋友的婚姻介绍所的广告有什么特点?
　　A. 中英文版有区别
　　B. 给美国的男士介绍亚洲女士
　　C. 给亚洲女士介绍美国的白人男士
　　D. 以上全部

(4) 朋友最后为什么要转让婚姻介绍所?
　　A. 因为他忙着谈恋爱
　　B. 因为他的老婆不允许他再做下去了
　　C. 因为他已经赚了钱
　　D. 因为他已经找到了老婆

(5) "我"写文章的目的是什么?
　　A. 批评骗人的婚姻介绍所
　　B. 介绍一种做生意的方式
　　C. 写在美国遇到的有意思的事情
　　D. 介绍中国人在美国的生活

参考词语

1. 转让　　zhuǎnràng　　（动）　把自己的东西让给或卖给别人
2. 亚裔　　yàyì　　　　　（名）　亚洲人的后代
3. 亏本　　kuīběn　　　　（动）　损失本钱

第二十七课

一、技 能

句子理解之四:抓关联词语(一)

热身活动

两个同学一组,一个同学读五个句子并问问题,另一个同学回答;然后交换
(1) 李芳不但会打乒乓球,而且会打羽毛球、排球。

问题:李芳会打什么球?

(2) 不是我不想跟她结婚,而是她觉得自己年纪还小,不想现在结婚。

问题:谁不想现在结婚?

(3) 我们家除了妈妈会包饺子以外,其他人都不会包饺子。

问题:谁会包饺子?

(4) 玛丽学习非常努力,每天晚上不是写汉字就是念课文。

问题:玛丽每天晚上做什么?

(5) 小李的妹妹虽然长得不太漂亮,可是却非常聪明。

问题:小李的妹妹有什么优点?

(6) 他住的那个房间既干净又安静。

问题:他住的那个房间怎么样?

(7) 只有打青霉素,他这种病才能好。

问题:怎么样他的病才能好?

(8) 这种样式的衣服,不管是男人还是女人都可以穿。

问题:哪些人可以穿这种样式的衣服?

(9) 除了张文和王朋以外,阿里还有三个中国朋友。

问题:阿里有几个中国朋友?

(10) 这位歌星不但会唱歌,而且还会写歌。

问题:这位歌星会什么?

现在,同学们大概已经体会到,回答问题的关键是句子里的那些关联词了吧？本课介绍理解句子的第四种技能——抓关联词语。

请看以下四个句子：

(1) 即使下大雨,我也要去上课。
(2) 虽然下大雨,但是我还要去上课。
(3) 既然下大雨,我就不去上课了。
(4) 如果下大雨,我就不去上课了。

这四个句子看起来用词简单,句子也很短,但句子的逻辑关系完全不一样。同学们只有正确地理解关联词,才能快速准确地理解这四个句子。

练习

1. 给下列句子填上适当的关联词

(1) _____他从小在英国长大,_____他的英语非常流利。
(2) _____赵晓红的房间不太大,_____收拾得很整洁。
(3) _____刮风还是下雨,老谢每天_____准时来上班。
(4) _____你不告诉我,我_____知道这件事。
(5) 每到星期六晚上,刘慧_____去卡拉OK_____去跳舞。
(6) 周老师_____会说英语,_____会说德语、俄语。
(7) _____多挣一点儿钱,他每天不停地工作。
(8) _____我不想告诉你,_____我根本不知道这件事。
(9) 我们班_____安娜没有去过上海,别的同学_____去过。
(10) _____你一定要去,_____去吧。

2. 阅读后加上适当的关联词语

在中国南方的广东、福建、广西等地,出产一种珍贵水果——荔枝。荔枝甘软滑脆、清甜香浓,_____你吃过,_____能理解苏东坡为什么"日啖荔枝三百颗,不辞长做岭南人"了。荔枝_____味道极佳,_____还非常漂亮。它果形别致,颜色鲜红或紫红,果肉像凝脂,晶莹剔透。不过,荔枝_____好吃,_____不可多吃,_____吃多了,会上火生病。

二、阅读训练

阅读 1

iPhone

2007年1月9日,苹果公司推出了小巧、轻盈的手持设备iPhone,把移动电话、iPod以及因特网通信设备这三种产品完美地结合起来。iPhone重新定义了移动电话的功能,用户只需点按某个姓名或号码就能拨打电话。iPhone带有一个200万像素的照相机和一个照片管理软件,用户可以在手机上浏览自己的照片,还能通过电子邮件发送给别人。

iPhone是一款可以触摸的宽屏iPod,能让音乐爱好者"触摸"他们的音乐,只要轻弹手指就能轻松滚读全部歌曲、艺术家、影集和播放列表。影集图案会完美地呈现在iPhone明亮的宽大显示屏上。iPhone能让用户欣赏他们的所有iPod内容,包括音乐、有声书籍、音频播客、视频播客、音乐视频、电视节目和电影。

填空

(1) iPhone 是由_____公司推出的。
(2) iPhone 把_____、_____和_____结合起来了。
(3) iPhone 里的照相机的像素是_____。
(4) iPod 的内容包括_____、_____、_____、_____、_____、_____和_____。

参考词语

1. 手持　shǒuchí　（动）　用手拿着
2. 浏览　liúlǎn　（动）　大略地看
3. 列表　lièbiǎo　（名）　排列出来的表格

阅读 2

代客哭笑

意大利一位名叫玛莉亚·格拉茜的中年妇女,在一家报纸上登了一个广告:"您如果需要'眼泪与笑声',本人可以出卖。需要者,请来西西里岛的卡坦尼亚镇与本人面谈。"广告登出以后,来找她代哭代笑的人非常多,每周少的时候15次,多的时候28次。每次收费15美元。

玛莉亚·格拉茜参加送葬队伍时,身穿黑色衣服,跟在棺材后面,由两个人扶着,哭得要死要活:一把眼泪,一把鼻涕;一会儿号啕大哭,一会儿呜咽啜泣;一会儿捶胸顿足,一会儿拍打棺材。不到三个小时,她又穿上漂亮华丽的衣服,在举行婚礼的地方满面笑容、彬彬有礼、笑声朗朗地热情招呼前来给结婚的新人表示祝贺的客人们。

现在,意大利代客哭笑的已有1000多人。由于这种经常的精神不正常,时间久了,不少人都得了精神病,住进了医院。

（据《读者精华》）

1. 压缩句子,在第二段可以略去不读部分画线

2. 填空
(1) 玛莉亚·格拉茜用_____的方法让人们知道她特别的服务。
(2) 玛莉亚·格拉茜代客哭或笑一次,可得_____美元。
(3) 最忙的时候,玛莉亚·格拉茜每周代客哭笑_____次。
(4) 意大利有_____人代客哭笑。
(5) 代哭代笑的人,容易得_____病。

参考词语

1. 送葬　　sòngzàng　　（动）　　送死者遗体到埋葬或火化地点
2. 棺材　　guāncai　　（名）　　装殓死人的东西,一般用木材制成

3. 鼻涕　　　bítì　　　（名）　鼻子里所分泌的液体

阅读3

琳琳的帽子

完型填空

　　琳琳是个可爱的小女孩。可是，当她念一年级的时候，医生_____发现她那小小的身体里面竟长了一个肿瘤，必须住院接受三个月的化疗。出院后，她更瘦小了，也不像以前_____活泼了。更可怕的是，以前那一头美丽的黑发，现在差不多都掉光了。_____她不怕疾病，她的聪明好学也使她不用为功课而担心，_____，每天顶着一个光秃秃的头到学校去上课，_____她这样一个六七岁的小女孩_____，却是非常可怕的事情。

　　老师非常理解琳琳。在琳琳回校上课前，她对班上的同学说："_____下星期一开始，我们要学习认识各种各样的帽子，大家都要戴着自己最喜欢的帽子到学校来，_____新奇_____好！"

　　星期一到了，离开学校三个月的琳琳第一次回到了她熟悉的教室。但是，她站在教室门口却不敢走进去，她很担心，_____她在大热天还戴着帽子。

　　突然，她从窗口里看到她的每一个同学都戴着帽子，和他们五花八门的帽子比起来，她的帽子是那么普通，几乎不会引起任何人的注意。一下子，她觉得自己和别人没有什么不同了。她放心地笑了，笑得那样甜，笑得那么美。

（据《上海译报》）

参考词语

1. 顶　　　　dǐng　　　　（动）　这里指用头支撑
2. 光秃秃　　guāngtūtū　　（形）　形容没有草木、树叶、毛发等盖着的样子

3. 新奇　　xīnqí　　（形）　新鲜特别

阅读 4

中国的照相迷

"一、二、三！"在中国的名胜古迹，到处都可以听到人们在这样叫着。照相机前，"模特儿"们做着各种各样的姿势。

我来中国以前，没想到中国人这么喜欢照相。我心目中的中国人是不喜欢出头露面的，所以我看到这种情况觉得很奇怪。他们不但在名胜古迹照，在别的许多地方也照。照相的时候，他们的姿势好像模特儿那么美。我觉得很有意思。

在中国有很多婚纱照相馆。一个中国朋友给我看她结婚时照的相，我很有兴趣地看，因为我们日本人没有照那么多照片的习惯。她们的化妆、衣服、发式，都像演员那么漂亮。在日本，专门照结婚照的照相馆很少。所以，我觉得中国有很多照相迷。

中国人还常常给别人看自己的照片。有时候，父母的照片也给别人看。这种习惯在日本好像也没有。给人家看自己的照片，对我们日本人来说，不好意思。

我问中国朋友："为什么给人家看自己的照片？"她说："这是表示友好。再说，我们希望和朋友分享快乐。"我又问："怎么中国人照相的时候要做各种各样的姿势？不会不好意思吗？"她回答："怎么会不好意思呢？我们中国人希望自己看起来漂亮一些，谁都想这样，你们也一样吧？"

"百闻不如一见。"我来中国以后，了解到很多中国人的风俗习惯都是我以前不知道的。我觉得中国人的样子和我们日本人一样，可是想法、做法不一样，很有意思。

（据《羊城晚报》）

选择正确答案
(1) 文章中的"模特儿"指什么人？
　　A. 真正的模特儿　　　　B. 在照相的人

C. 给人照相的人　　　　D. 结婚的人

(2) "我"为什么对中国人爱照相感到奇怪？

A. "我"不太了解中国人

B. "我"以为中国人比较内向

C. "我"认为中国人没意思

D. "我"以为中国人跟日本人一样

(3) "我"为什么觉得中国有很多照相迷？

A. 因为"我"在中国很多地方看到很多中国人喜欢照相

B. 因为"我"看到中国有很多婚纱照相馆

C. 因为"我"看到很多中国人都有照相机

D. A 和 B

(4) 关于中日两国照相的习惯,以下哪句话不对？

A. 日本人照相一般不做各种各样的姿势

B. 日本很少有专门照结婚照的照相馆

C. 中国人有时给别人看自己的照片

D. 中国人都是照相迷

(5) 中国人什么跟日本人一样？

A. 想法　　　B. 做法　　　C. 脾气　　　D. 样子

参考词语

1. 迷	mí	（名）	对某一事物很感兴趣的人
2. 模特儿	mótèr	（名）	用来展示新样式服装的人或人体模型
3. 分享	fēnxiǎng	（动）	和别人共同享受欢乐、幸福、好处等

第二十八课

一、技 能

句子理解之四:抓关联词语(二)

热身活动

3~4个同学一个小组活动,把下列小句重新组合成正确的一段话,看哪个小组最快

(1) ①我们系的钟慧慧兴趣广泛②就是去操场跑步打球③既爱好艺术④总之,你很难在宿舍找到她⑤又爱好体育⑥她不是去艺术中心唱歌弹琴⑦因此,下课以后

(2) ①我同意你的想法②因此,我赞成你的选择③增长见闻④另一方面可以了解异国文化⑤一方面可以学到一些在国内学不到的知识⑥还可以锻炼自己⑦出国留学确实有很多好处

我们在综合课都学习过关联词了,这里稍微复习一下。常用的关联词语:

并列关系:又……又……、既……又……、一方面……另一方面……、不是……而是……、不是……就是……。

顺承关系:就、然后、接着、于是。

递进关系:不但……而且……、不但……反而……、甚至……、……还……。

选择关系:不是……就是……、或者……或者……、要么……要么……、与其……不如……。

练习

1. 给下列句子填上适当的关联词语

(1) 娜娜的兴趣很广,_____喜欢体育,_____喜欢艺术。

(2) 这个动画片_____孩子爱看,_____成年人也爱看。

(3) 张大林_____是一个好父亲,_____是一个好丈夫。

(4) 王红的姐姐很快就要结婚了，_____这个月_____下个月。
(5) 图书馆_____有很多中文书，_____有不少外文书。
(6) 你别生气。_____我不愿意陪你逛街，_____我实在没有时间，最近事情太多了。
(7) 安娜_____会说汉语，_____说得非常流利。
(8) 邻居家的那个小男孩真讨厌，每天_____哭_____闹。
(9) 我帮他洗了衣服，可他_____不感谢我，_____还骂我多管闲事。
(10) _____和一个没有感情的人生活在一起，还_____一个人生活。

2. 完成下列句子
(1) 林苹不但长得漂亮，_____。
(2) 我不是不喜欢旅游，_____。
(3) 最近天气很不好，不是刮风_____。
(4) _____，而且和他还是好朋友，常常去他家玩儿。
(5) 冬冬这孩子没有停下来的时候，不是跑_____。
(6) 我和爸爸妈妈住在一起，一方面照顾他们比较方便，_____。
(7) 车站太远了，要么坐车去，_____。
(8) 我想了想，觉得他说得对，_____就同意了他的意见。

二、阅读训练

阅读 1

四母女同生日

迅速查找答案
(1) 哪四个人同生日？
(2) 四母女的生日是哪月哪日？
(3) 四母女同生日的情况多不多？
(4) 史妲尔·雷蒙三个女儿的出生时间有没有特意安排？

　　1996年4月8日，美国加州30岁的妇女史妲尔·雷蒙生下了她的第三个女儿妮考丽特。使她又惊又喜的是：妮考丽特的生日居然与她本人和12岁的大女儿吉尔琳、2岁的二女儿艾茜莉同一天。

据有关专家计算,母女四人同一天生日的比率为1/50000000。事实上,这种情况以前还没有出现过。据说,在19世纪的法国,曾有过三母女同生日。

史妲尔·雷蒙说,她和丈夫没有特意安排三女儿的出生时间。其实,三女儿的出生要比正常时间早,由于史妲尔怀孕六个月时曾遇到一次车祸,她就在医生建议下吃药,预防孩子提前出生,但是三女儿还是提前出生了,好像是特意为了与母亲和两个姐姐享受同一天生日。史妲尔·雷蒙还强调,他们也没有特意安排大女儿和二女儿出生时间,完全是自然出生。

(据《家庭》)

参考词语

1. 特意　tèyì　　　（副）　表示专为某事
2. 怀孕　huáiyùn　（动）　妇女或雌性哺乳动物有了胎

阅读2

冬虫夏草

冬虫夏草是一种样子十分奇怪的东西——说是动物,又不全是动物;说是植物,又不全是植物。看起来,它的下边像一条虫,上边像一棵草。其实,它的下边真的是虫体,是一些飞蛾的幼虫;虫体上边长的不是草,而是麦角菌。

在西藏、四川、云南、青海、甘肃等地的高山草原上,每年夏秋季节,有几种飞蛾的幼虫钻到地下找东西吃,并在地下过冬。有的幼虫把麦角菌的种子吃进肚子,于是麦角菌就在虫肚子里生长。麦角菌"吃"着虫体内的营养,一个冬天把幼虫体内的营养全部"吃"完,只剩下幼虫的外壳——这就是冬虫。到第二年夏天,麦角菌从里边长出样子像小草那样的东西,这就是夏草。

冬虫夏草是一种名贵的中药。它能治疗多种疾病,如神经衰弱、咳喘、糖尿病、贫血等。体质不好的人,吃了可以增强体质。

(据《十万个为什么》)

选择正确答案

(1) 第一段"虫体"是什么意思?
   A. 昆虫　　　B. 身体　　　C. 虫的身体　　　D. 幼虫

(2) 第一段"飞蛾"是什么?
   A. 一种像虫的草　B. 一种虫　C. 一种动物　　D. 一种像草的虫

(3) 冬虫夏草是什么?
   A. 一种动物　　　　　　　B. 一种植物
   C. 一种季节　　　　　　　D. 冬天是动物,夏天是植物

(4) 什么可以长成冬虫夏草?
   A. 全部飞蛾幼虫　　　　　B. 麦角菌的种子
   C. 高山草原上的草　　　　D. 吃了麦角菌种子的飞蛾幼虫

(5) 冬虫夏草可以治什么病?
   A. 神经衰弱　　B. 咳嗽　　C. 贫血　　　D. 以上全部

参考词语

治疗　　　zhìliáo　　　(动)　　用药物、手术等消除疾病

阅读 3

关于博客

　　Blog 的中文意思是"网络日志",而 Blogger 就是写 Blog 的人。具体说来,他们是使用特定的软件在网络上出版、发表和张贴个人文章的人。在汉语里,这种人叫做博客。但是,有意思的是,渐渐地,人们也用"博客"来指 Blog 本身。所以我们常常听到人们说:"他是个博客!"也听到人们说"我在写博客"或者"博客作者就是他"。

　　Blog 是继 Email、BBS、QQ 之后出现的第四种网络交流方式,代表

着新的生活方式和新的工作方式,更代表着新的学习方式。

　　Jorn Barger 于 1997 年 12 月最早提出博客这个名称。但是在 1998 年,互联网上的博客网站却屈指可数。那时,Infosift 的编辑 Jesse J. Garrett 想列举一个博客站点的名单,便在互联网上开始了艰难的搜索。

　　终于在 1998 年的 12 月,他搜集好了部分网站的名单。他把这份名单发给了 Cameron Barrett,Cameron 觉得这份名单非常有用,就将它在 Cam world 网站上公布出来。其他博客站点的维护者发现后,也纷纷把自己的网址和网站名称、主要特色都发了过来,这个名单也就渐渐丰富起来。到了 1999 年初,Jesse 的"完全博客站点"名单所列的站点已达 23 个。

　　_____ Cameron 与 Jesse 共同维护的博客站点,_____ 有趣 _____ 容易阅读,所以吸引了很多人的眼球。在这种情况下,Peter Manhole 宣称:"这个新鲜事物必将引起大多数人的注意。作为未来的一个常用词语,Web-blog 将肯定要被简称为 Blog,而那些编写网络日志的人,也就将被称为 Blogger——博客。"这代表着"博客"被正式命名。

　　博客作为一种新的表达方式,表达大量的智慧、意见和思想。从某种意义上说,它也是一种新的文化现象。博客的出现和繁荣,真正凸现出网络的知识价值,标志着互联网的发展开始进入更高的阶段。

1. 选择正确答案
(1)"博客"是指:
　　A. 互联网　　　　　B. 在网上写日记的人
　　C. 网络日志　　　　D. B 和 C
(2)下面哪一种不是在 Blog 之前出现的网络交流方式?
　　A. BBS　　　B. 播客　　　C. Email　　　D. QQ
(3)博客网站名单在 Cam world 上公布出来是在哪年?
　　A. 1996　　　B. 1997　　　C. 1998　　　D. 1999
(4)第三段中"屈指可数"是什么意思?
　　A. 找不到　　B. 可以找到　　C. 很少　　D. 数目还可以,挺多的
(5)第五段中"吸引了很多人的眼球"是什么意思?
　　A. 引起很多人的注意　　　　B. 很刺眼
　　C. 很明显　　　　　　　　　D. 让人觉得吃惊

(6) 第五段的空可以填什么?

    A. 因此,既……又……　　　　B. 由于,不是……就是……

    C. 然而,又……又……　　　　D. 由于,既……又……

(7) 文章最后一段的主要观点是什么?

    A. 博客是一种新的表达方式

    B. 博客出现和发展的意义

    C. 互联网发展开始进入更高的阶段

    D. 博客是一种文化现象

2. 请找出文中带语素"网"的词语,说说它们的意思

阅读4

请母亲吃饭

母亲节到来的时候,我最强烈的愿望就是:请母亲吃饭——在最漂亮的饭店里,以最虔诚的心情。

平时过节从来是吃母亲做的饭,当之无愧地吃,理所当然地吃。边吃边海阔天空地聊,不顾母亲忙忙碌碌地递菜递汤;吃完了喝茶看报,满桌的杯盘狼藉,任由母亲去收拾。

对自己最好的那个人,往往就是你对他最凶的那个人。对于母亲,你会在她好言叮咛时大皱眉头:真啰嗦! 你会在她张罗与亲戚们的应酬时大肆批评:真多事!

在忙碌的节奏中唯有母亲是可以忽略的,紧张的神经唯有在母亲那儿可以松懈。因为你知道,无论你怎么凶神恶煞、满脸不耐烦,母亲对你的爱不会改变。

事实上母亲已经老了。她的心脏或许承受不了你的生硬,她的纤弱或许消化不了你的粗糙。她离开了工作,离开了社会,把儿女当做唯一寄托。并不是她不在乎你们的态度,而是不忍去指责与要求。

爱,有时是以奇怪而恶劣的方式表现出来。比如你是怕母亲太累太无私或者太节俭而埋怨声声、苛责切切。但你以恶劣方式表现的爱还是爱吗?

我想，请母亲吃饭也就是请母亲原谅。

原谅那份急躁、粗鲁、浅薄与功利。——对最爱你的人应该持最小心的态度。唯有懂得这一点，我们才是高贵的人，尊贵的人。

其实，用不着等到母亲节，在平淡如水的日子里，就从珍惜这最容易得到的爱开始。当我在铺着洁净桌布的桌子上向母亲敬酒时，当我为母亲点上她最爱吃的菜时，我想我就是一个自己所喜欢、所欣赏的人了。最质朴的感情也是需要形式的。

（据《家庭》南妮文）

选择正确答案

(1) "我"想在母亲节做什么？
   A. 做饭给母亲吃　　　B. 告诉母亲自己的心情
   C. 请母亲到外边吃饭　D. A 和 C

(2) 子女常常：
   A. 不帮母亲做家务　　B. 对母亲很凶
   C. 忽略母亲　　　　　D. 以上全部

(3) 根据本文，母亲对儿女们怎么样？
   A. 不在乎儿女们对她的态度
   B. 承受不了儿女们的态度
   C. 对儿女们有要求
   D. 不管儿女对自己怎么样，都爱儿女

(4) 儿女们对母亲的态度怎么样？
   A. 不好　　B. 一般　　C. 较好　　D. 好

(5) 下面哪句话不对？
   A. 人们往往对最爱自己的人态度不好
   B. 有时儿女用不好的方式表达对母亲的爱
   C. 最质朴的感情也是需要形式的
   D. 用恶劣方式表示的爱是最质朴的爱

(6) "我"想请母亲原谅什么？
   A. 原谅自己对父亲的态度　B. 原谅自己对母亲的态度
   C. 原谅自己工作做得不好　D. 原谅自己学习成绩不好

参考词语

1. 虔诚　qiánchéng　（形）　恭敬而有诚意
2. 狼藉　lángjí　（形）　乱七八糟;杂乱不堪(用于书面)
3. 凶神　xiōngshén　（名）　迷信者指凶恶的神,常用来指凶恶的人
4. 在乎　zàihu　（动）　在意;介意(多用于否定式)
5. 埋怨　mányuàn　（动）　因为事情不如意而对自己认为原因所在的人或事物表示不满
6. 珍惜　zhēnxī　（动）　珍重爱惜
7. 质朴　zhìpǔ　（形）　朴实;不矫饰

第二十九课

一、技 能

句子理解之四:抓关联词语(三)

热身活动

三个同学一组,试着根据提示完成句子
(1) 谢先生很注意锻炼,每天早晨不是_____就是_____。
问题:每天早晨谢先生做什么?
答案:或者跑步或者打太极拳。
(2) 不管_____,晓梅每个星期都要回去看看她那多病的妈妈。
问题:工作非常忙的时候,晓梅回去看妈妈吗?
答案:去。
(3) 亮亮这孩子最怕爸爸,只有_____他才_____,妈妈和奶奶管不了他。
问题:亮亮听谁的话?
答案:爸爸。
(4) 除了去过_____以外,他还去过_____。
问题:他去过几个国家?
答案:五个。
(5) 我这辆自行车虽然_____,但是却_____,而且_____。
问题:这辆自行车有什么坏处和好处?
答案:坏处是很旧,好处是好骑和不怕丢。

这一课我们继续复习一些常用的关联词语:
转折关系:虽然……但是……、尽管……但是……、可是、却、然而。
假设关系:如果……就……、要是……就……、即使……也……。
条件关系:只有……才……、只要……就……、无论……都……、不管……也……。
因果关系:因为……所以……、由于……因此……、既然……就……。

目的关系：为了、以便、以免。

练习

1. 给下列句子填上适当的关联词语

(1) 王先生很爱儿子，＿＿＿＿＿＿＿儿子要买什么，他＿＿＿＿＿＿＿同意。

(2) ＿＿＿＿＿＿＿他来中国的时间不长，＿＿＿＿＿＿＿对中国的风俗习惯很了解。

(3) 离火车开车时间还早呢，＿＿＿＿＿＿＿再晚半个小时出门，＿＿＿＿＿＿＿还来得及。

(4) 他病得太厉害了，＿＿＿＿＿＿＿中药还是西药，＿＿＿＿＿＿＿治不好他的病。

(5) ＿＿＿＿＿＿＿晶晶的奶奶已经七十多岁了，＿＿＿＿＿＿＿走路的样子还像个年轻人。

(6) 我姐姐三岁的儿子很娇气，晚上＿＿＿＿＿＿＿跟我姐姐一起睡＿＿＿＿＿＿＿不哭闹。

(7) 你得的是感冒，问题不大。吃一些药，好好休息几天，＿＿＿＿＿＿＿会好起来。

(8) ＿＿＿＿＿＿＿你去跟他好好谈谈，＿＿＿＿＿＿＿能把误会解释清楚。

(9) 这件印有万里长城的T恤，＿＿＿＿＿＿＿你喜欢＿＿＿＿＿＿＿送给你吧，游览长城的时候我买了好几件，就是准备送给朋友的。

(10) ＿＿＿＿＿＿＿你做事认真一点儿＿＿＿＿＿＿＿不会出那么多差错。

2. 完成下列句子

(1) 王小静特别爱吃水果。＿＿＿＿＿＿＿＿＿＿＿＿＿＿＿＿＿，她都觉得好吃。

(2) 如果你真的爱我，＿＿＿＿＿＿＿＿＿＿＿＿＿＿＿＿＿＿＿＿＿。

(3) 因为李青又聪明又漂亮，＿＿＿＿＿＿＿＿＿＿＿＿＿＿＿＿＿＿。

(4) ＿＿＿＿＿＿＿＿＿＿＿＿＿＿＿＿＿，可是学习成绩并不好。

(5) 马先生虽然很有钱，＿＿＿＿＿＿＿＿＿＿＿＿＿＿＿＿＿＿＿。

(6) ＿＿＿＿＿＿＿＿＿＿＿＿＿＿＿＿＿，所以他考试成绩很好。

(7) ＿＿＿＿＿＿＿＿＿＿＿＿＿＿＿＿＿，小李每天都给女朋友送一朵红玫瑰。

(8) 小英对大伟说："＿＿＿＿＿＿＿＿＿＿＿＿＿＿＿＿＿，我都爱你！"

(9) 既然你那么喜欢这条金项链，＿＿＿＿＿＿＿＿＿＿＿＿＿＿＿＿＿。

(10) 如果你同意，＿＿＿＿＿＿＿＿＿＿＿＿＿＿＿＿＿＿＿＿＿＿。

二、阅读训练

阅读1

花香治病

填空

(1) 香味有杀菌作用的鲜花有_____多种。
(2) 鲜花发出的一种气体物质,在_____中飘游,能杀死一些病菌。
(3) _____的香味,对睡眠有帮助。
(4) 感冒的人闻_____的香味有好处。
(5) 中国古代名医华佗制作了一种叫_____的东西,为病人治病。

  据有关专家研究,目前已发现三百多种鲜花的香味中含有不同的杀菌物质,其中许多是对人体有好处的,所以不同鲜花的香味对不同的疾病有辅助治疗的作用。例如天竺葵的香味,有助于睡眠;菊花的香味,有助于治疗感冒;茉莉花的香味,有助于治疗头痛;玫瑰、栀子花的香味,有助于治疗喉咙痛;丁香花的香味,有助于治疗哮喘病;桂花的香味,有助于治疗支气管炎;紫薇的香味,则有助于治疗结核病。花香能杀菌治病的原因,是由于鲜花发出的一种气体物质的作用,它在空气中飘游,能杀死它周围的一些病菌。人们在鲜花中呼吸时,这种气体物质就进入人体,产生治疗作用。

  用花治病,我国古代就有。三国时的名医华佗把丁香、檀香等干花装进绸布袋做成"香囊",人们可以带在身上,也可以挂在房间,用来治疗肺痨、吐泻等疾病。我国民间用菊花、金银花等做成"香枕",有祛头风、降血压的作用。近年来出现的"香枕疗法",就是让病人枕上有干花香味的枕头很快入睡,产生治病的作用。

(据《保健时报》花木文)

参考词语

1. 有助于　　yǒuzhùyú　　　　　对…有帮助
2. 病菌　　　bìngjūn　　（名）　能使人或其他生物生病的细菌

阅读 2

《月球之谜》简介

如果你家里有一个能认字、会看书,而且对自然事物很感兴趣的孩子,您怎么才能满足他/她了解世界的要求呢?这里有一本关于月球的读物。

20世纪90年代初,这本书在美国是人们抢着买的畅销书,它告诉人们科学家对月球的发现,其中很多是第一次公开的。例如:美国的宇宙飞船在登月时曾遇到一个巨大的物体,而苏联的宇宙飞船也曾遇到一个不像是人类的飞行物体……这是怎么一回事呢?

本书还介绍了两位苏联科学家的看法:月球曾经被改造过,它的里面是空的。也就是说,另有一些生物已比人类先到月球。

在月光明亮的晚上,您和您的孩子一起阅读这本很有意思的小书,那是一件多么快乐的事情!

《月球之谜》作者是美国人顿·威尔逊,由海潮出版社翻译出版。

（据《家庭》）

1. 选择正确答案
(1)《〈月球之谜〉简介》是什么?
　　A. 是一本关于月球的读物
　　B. 是一本关于月球的小说
　　C. 是一篇关于月球的科学论文
　　D. 是一篇介绍《月球之谜》这本书的短文
(2)《月球之谜》是什么?
　　A. 是一本关于月球的读物
　　B. 是一本关于月球的小说

C. 是一篇关于月球的科学论文

D. 是一篇介绍《月球之谜》这本书的短文

(3)《月球之谜》的主要内容是什么？

A. 孩子对月球的发现和看法　　B. 科学家对月球的发现和看法

C. 孩子对世界的发现和看法　　D. 科学家对世界的发现和看法

2. 讨论

"读物"、"登月"、"飞船"是什么意思。

参考词语

1. 公开　　　　gōngkāi　　　（动）　使秘密的事情成为大家都知道的
2. 宇宙飞船　　yǔzhòu　　　　　　　　用多级火箭做运载工具、从地球上发射出
　　　　　　　fēichuán　　　　　　　去能在宇宙空间航行的飞行器

阅读 3

自行车王国

在中国，有人的地方就有自行车。如果你想让人惊讶一下，最好的办法是说自己不会骑自行车。

学骑车对每个中国人都是一个难忘的经历，摔得越来越少了，你也就驯服了这个形影不离的"朋友"。当一个孩子能在街上自如地骑着自行车的时候，他觉得自己一下子长大了。

自行车是中国家庭不可缺少的"成员"，有的家庭几乎每人一辆。20世纪80年代以前，虽然各地都在生产自行车，但仍供不应求，"飞鸽"、"永久"、"凤凰"等名牌车，需凭票才能买到。现在情况不同了，中国的、外国的、合资的、山地车、竞赛车，男装车、女装车、儿童车，多得让你不知买哪种好。在世界能源越来越紧张的今天，自行车最适合中国的情况。很难想象，中国没有自行车会怎么样？

每天上班时间，从千家万户中推出数不清的自行车，这些自行车在

街上成了"流动的长城"。这情景大概只能在中国看到。有人说中国是两个轮子上的国家,这不是没有道理的。

(据《新民晚报》)

1. 判断正误

( )(1) 在中国,不会骑自行车的人不多。
( )(2) 中国现在不生产自行车。
( )(3) 1972年,中国人买自行车非常容易。
( )(4) 现在,中国人买自行车非常难。
( )(5) 根据本文,自行车比汽车更适合中国的国情。

2. 选择正确答案

(1) "自行车王国"是什么意思?
    A. 自行车当国王的国家   B. 专门卖自行车的国家
    C. 自行车非常多的国家   D. 发明自行车的国家
(2) 第二段"形影不离"是什么意思?
    A. 比喻常常在一起   B. 比喻常常不在一起
    C. 比喻有很大影响   D. 比喻没有影响
(3) 下面哪种不是20世纪80年代以前中国的名牌自行车?
    A. 凤凰   B. 永久   C. 飞鸽   D. 五羊
(4) 第四段"千家万户"是什么意思?
    A. 指一千个人家里   B. 指一万个人家里
    C. 指很多人家里   D. 指很少人家里

参考词语

1. 经历	jīnglì	(名)	亲身见过、做过或遭受过的事
2. 驯服	xùnfú	(动)	使顺从
3. 自如	zìrú	(形)	活动或操作不受阻碍
4. 供不应求	gōngbúyìngqiú		供给不能满足需要
5. 想象	xiǎngxiàng	(动)	对于不在眼前的事物想出它的具体形象

阅读 4

集 邮

　　集邮是一种文明、健康的爱好。每个国家、民族的邮票都有自己的特点,都把本国、本民族的著名人物、山川、建筑、花鸟,作为邮票选题的内容,特别是那些世人瞩目、本国人引以为骄傲的事情,更被优先列入选题之内。所以有人说,邮票是一个国家的名片。人们喜好集邮,是因为能从中了解历史、自然、社会,真是小小方寸,融汇了知识的海洋。比如中国早年发行的"金鱼"套票和"山茶花"邮票,当时针对中国最有代表性的金鱼有哪些品种,山茶花的产地、分布情况等问题,都分别向中科院及有关专家请教,然后再反复挑选并确定下来。可以说多年集邮的人,大多兴趣广泛,知识面较广。集邮的人得病以后比没有这种爱好的人痊愈得快,可能是因为他们移情于此的缘故。

　　集邮还能促进各民族、各地区、各国之间的文化交流。中国曾发行过一套"民居"邮票,把中国南北各地典型的民宅逐一介绍。近年来,不少国家都发行了中国邮票,如圣马利诺发行了"世界名城——北京"邮票,马绍尔共和国发行了"苏州园林"邮票,密克罗尼西亚发行了"天坛"邮票,美国发行了中国"生肖"邮票。

　　集邮在中国已形成一项广泛的群众性活动,它不分男女老少,均可参加。目前,集邮活动不仅人数大大增加,而且质量也提高了。许多集邮者不仅收集国内邮票,还收集外国邮票,收藏的目的各种各样。可以肯定,中国的集邮事业在不远的将来会有更广泛的发展。

(据《百科知识》)

1. 选择正确答案
(1) 第一段"痊愈"是什么意思?
　　A. 病好了　　　B. 病重了　　　C. 病死了　　　D. 病昏了
(2) 第二段"逐一"是什么意思?
　　A. 一次一次地　B. 一个一个地　C. 慢慢地　　　D. 一起
(3) 以下说法,哪个不对?
　　A. "金鱼"、"山茶花"是中国邮票

B. 圣马利诺发行了"世界名城——北京"邮票

C. 罗马尼亚发行的中国邮票是"天坛"

D. 美国有十二生肖邮票

(4) 下面哪句话正确？

A. 集邮者把邮票作为自己的名片

B. 集邮者大多知识丰富

C. 每个国家都只发行介绍自己国家的邮票，不发行介绍外国的邮票

D. 集邮可能对集邮者的身体有好处

2. 回答问题

(1) 为什么说邮票是一个国家的名片？

(2) 第一段"小小方寸"指什么？

参考词语

1.	文明	wénmíng	（形）	社会发展到较高阶段和具有较高文化
2.	瞩目	zhǔmù	（动）	很注意地看
3.	融汇	rónghuì	（动）	几种不同的事物合成一体
4.	广泛	guǎngfàn	（形）	涉及的方面广，范围大
5.	缘故	yuángù	（名）	原因
6.	发行	fāxíng	（动）	发出新印制的货币、债券或新出版的书刊等

第三十课

一、单元复习

1. 下列句子中哪些是不重要的词语可以略去不看,请在下面画线

(1)黄必青教授研制成的"必青神鞋",能治疗高血压、支气管炎、关节炎、肠胃病、神经衰弱、更年期综合症等多种疾病。

(2)王苹是个集邮迷,收集的邮票多得很,中国的、外国的,贵的、便宜的,单张的、成套的,动物的、植物的、人物的……满满二十几个集邮册。

(3)北京图书馆历史悠久、规模宏大、藏书丰富、种类齐全,是中国最大最重要的图书馆。

(4)林老师的女儿漂亮极了,大大的眼睛、弯弯的眉毛、小巧的嘴巴、白里透红的脸蛋,简直像画出来的一样。

(5)他哥哥去过北京、天津、上海、南京、杭州、苏州、成都、重庆、昆明等许多城市。

2. 找出下列句子的主干

(1)中国是一个幅员广大、历史悠久、人口众多,但是目前科学技术还不太发达、人民生活水平比较低的发展中国家。

(2)为了方便和远在千里之外的年老的父母联系,李宏志最近回老家的时候花钱给父母装了一部直拨电话。

(3)十年不见,当年那位头发黄黄、身子单薄、爱向妈妈撒娇的小女孩,已经长成一个亭亭玉立、婀娜多姿的漂亮姑娘。

(4)退休以后,在老伴的带动下,张先生每天早晨都跟一群老年人一起到北海公园打太极拳。

(5)有着悠久历史和光辉灿烂的古代文化的北京城,每天都吸引着成千上万的来自世界各地的游客。

3. 给下列句子填上合适的关联词语

(1) _____你有钱还是没钱,我_____爱你。

(2) 我_____整个晚上不睡觉,_____做不完这么多作业。

(3) 我很想有一个高级照相机,_____我没有那么多钱买。

(4) _____不怕困难的人,_____有可能成功。

(5) 他俩_____在学习上互相帮助,_____在生活上互相关心、互相照顾。

(6) 那天我掉进了海里,_____不是他救了我,我_____不在这个世界上了。

二、阅读训练

阅读 1

海底世界

填空

(1) 海底有_____、_____、盆地和深谷。

(2) 太平洋西部的_____,深达 11034 米。

(3) 海底有动物,也有_____。

(4) 在中国海南岛东北方海底,发现了_____。

  蓝色的海洋令人神往,那深邃莫测的海底更给人一种神秘的感觉。海底到底是怎样的世界呢?

  就像陆地上一样,海底也有高山、平原、盆地和深谷。如太平洋西部深达 11034 米的马里亚纳海沟,如果把喜马拉雅山填进去,那么,它的峰顶离海面还差 2185 米呢。在希腊的爱奥尼亚海底,有一个每天"喝"3 万吨海水的无底洞,科学家们千方百计寻找这个洞的出口,至今没有找到。

  有些海域的海底,生活着许多动物,如海星、海胆、虾和蟹等,还生长着一些大型藻类植物如褐藻等。

  海底还有村庄。在我国海南岛东北方,水下有农田、房屋、水井、砖墙和断碑。据记载,这些村庄遗址是 1605 年 7 月的一次地震后沉下海底的。

(据《十万个为什么》)

参考词语

1. 神往　　　　shénwǎng　　　　（动）　　心里向往
2. 深邃莫测　　shēnsuìmòcè　　　　　　　深奥得没法揣测
3. 海沟　　　　hǎigōu　　　　　（名）　　深度超过6000米的狭长的海底凹地
4. 遗址　　　　yízhǐ　　　　　　（名）　　毁坏的年代较久的建筑物所在的地方

阅读 2

澳洲的房车公园

房车公园在澳大利亚非常多，不少中小城市和景点附近都有，有的还不止一个。公园里没有房屋，只停着一排排样子像车，实际上是简易房屋的房车，专供游人住宿。

这些房车设备齐全：有双人床和上下铺的单人床；有整套的厨房设备；还有吃饭的桌椅、电视机、衣柜。这里全天供电供水，还有热水。有的房车内有卫生间，没有卫生间的在房子旁边有公共洗澡房、厕所和洗衣房。每间房车旁边都有一块平地，供停车用。旅客在离开前都自觉把房车内外打扫干净，把厨房里的东西洗干净，按原来的样子放好。

这种房车非常适合一家四五口人旅游时住，收费也不高，每晚大约三四十澳元，比住宾馆便宜多了。游客白天去附近的景点玩儿，晚上住房车，自己做晚饭、洗衣服、看电视，就像在家里一样方便、舒适，所以许多旅游度假者选择住房车。

（据《中国旅游报》梁若虹文）

选择正确答案
(1) 第一段"景点"是什么意思？
　　A. 风景　　　　B. 地点　　　　C. 农村　　　　D. 风景区
(2) 以下哪个不是房车里的设备？
　　A. 床　　　　　B. 厨房用具　　C. 书桌　　　　D. 衣柜

(3) 房车公园不提供什么?
　　A. 服务员　　　　B. 卫生间　　　　C. 停车处　　　　D. 水电
(4) 住房车的人不用做什么?
　　A. 烧热水洗澡　　B. 做晚饭　　　　C. 打扫卫生　　　D. 洗衣服
(5) 下面哪个不是住房车的好处?
　　A. 价钱比宾馆便宜　　　　　　　　B. 可以一家人一起住
　　C. 像在家里一样方便　　　　　　　D. 像高级宾馆一样漂亮

参考词语

供　　　gōng　　（动）　提供某种可利用的条件

阅读3

日本孩子无童年

很多日本人都说,现在的孩子太不像孩子了!这不只是因为他们少年老成,更因为他们的生活方式与整天忙碌而且充满压力的大人已经没有什么两样了。

近年来,日本儿童的数目在日本总人口中占的比例越来越低,孩子少了,父母在精神、物质方面的照顾当然无微不至。许多学生有自己的房间,有自己的电视、电脑。此外,父母还让孩子学习各种本领。培养"明日之星"的儿童戏剧舞蹈班处处人满为患,各种儿童绘画班、钢琴班、电脑班、外语班也是门庭若市。不少孩子是同时参加几个班的学习。

孩子们的这种像大人一样的忙碌生活,也使他们像大人一样感到有种种压力。为了消除压力,他们也接受针灸治疗、洗桑拿浴;为了补充活力,他们喝各种各样的儿童口服液。看起来,现在的日本儿童特别幸福,大人把什么事都为他们考虑到了,他们只需按照父母安排好的路走下去就行了。但从另一方面看,他们也太忙碌了,一切都用于为将来做准备,真正需要抓住的现在却没有注意到,等于跳过童年直接进入成年。人生的乐趣不是白白少了一段？

（据《家庭》）

1. 选择正确答案
(1) 现在日本的儿童怎么样？
　　A. 快乐地玩，没有压力　　B. 紧张地学习，压力很大
　　C. 为父母做很多事情　　　D. 什么都有，特别幸福
(2) 日本的儿童为什么活得那么累？
　　A. 父母让孩子为自己做很多事　B. 父母让孩子学习很多东西
　　C. 国家的经济情况不太好　　　D. 家里的孩子太少
(3) 文章作者对日本儿童的情况感到怎么样？
　　A. 高兴　　B. 可惜　　C. 难过　　D. 气愤

2. 回答问题
文章用了什么事例来说明"日本孩子无童年"？

参考词语

1. 老成　　　　lǎochéng　　　（形）　经历多，做事稳重
2. 无微不至　　wúwēibúzhì　　　　　　指对人非常细心周到

阅读 4

中山大学的蚊子

　　南方的蚊子很讨厌，冰冷的腊月天里还得挂蚊帐。每晚睡前，我都要检查一下蚊帐挂得是不是密实，但第二天醒来时，总有几个酒足饭饱的蚊子守在蚊帐上等着开门出城。我非常生气，决定对它们的"犯罪"手段展开调查，结果发现中大的蚊子是同学们见到过的最聪明的蚊种：如果别的蚊种在前往人体的途中受阻，或者选择停在蚊帐上或继续飞行寻找入口，而中大蚊子则会选择第三条道路，它们落在蚊帐上，然后步行寻找入口！这样，两片帐门之间的长长缝隙，就成了善于爬行的中

大蚊子的欢乐通道。可见,中大的"素质教育"多么成功!

通过这个调查,我还发现蚊子像直升飞机,起飞时可在同样的速度下向所有方向启动,但启动不快;而苍蝇则像战斗机,只能向正前方起飞,但启动极快。我根据它们的飞行特点制订了不同的擒拿方法,基本上能将蚊蝇手到擒来。

(施爱东)

选择正确答案

(1) "腊月天"是指:
    A. 春天   B. 夏天   C. 秋天   D. 冬天

(2) "酒足饭饱"的蚊子是指:
    A. 刚喝了酒的蚊子   B. 刚吃了饭的蚊子
    C. 刚吸了血的蚊子   D. 刚睡了觉的蚊子

(3) 中大的蚊子很聪明,是因为:
    A. 中大的蚊子遇到蚊帐后会停下来
    B. 中大的蚊子遇到蚊帐后还会继续飞行
    C. 中大的蚊子受过很好的素质教育
    D. 中大的蚊子落在蚊帐上后再步行寻找入口

(4) 蚊子像直升飞机,是因为:
    A. 蚊子的外形像直升飞机
    B. 蚊子起飞的方式像直升飞机
    C. 蚊子发出的声音像直升飞机
    D. 蚊子飞行的速度像直升飞机

(5) 关于蚊子和苍蝇的飞行,下面哪种说法正确:
    A. 蚊子起飞时启动快
    B. 苍蝇起飞时启动慢
    C. 蚊子可以向所有的方向启动
    D. 苍蝇可以向所有的方向启动

(6) "我"为什么要调查蚊子?
    A. "我"要证明中大的蚊子比别的蚊子聪明
    B. 找到蚊子和苍蝇的飞行方式
    C. 找出蚊子是怎么到蚊帐里去的
    D. "我"对蚊子和苍蝇感兴趣

(7) 以下哪个是调查的结果?
    A. 晚上再也没蚊子咬"我"了

B. "我"找到了打蚊子的有效方法
C. "我"喜欢上中大的蚊蝇了
D. "我"明白了蚊子为什么聪明

参考词语

1. 蚊帐　　wénzhàng　　（名）　挂在床上用来阻止蚊虫进入的帐子
2. 缝隙　　fèngxì　　　（名）　细长的空间
3. 素质　　sùzhì　　　 （名）　人在知识、技术、思想等方面的水平
4. 启动　　qǐdòng　　　（动）　使机器、工程等从不动到动
5. 擒拿　　qínná　　　 （动）　抓住

参考答案

第一课

阅读1　(1)D　(2)A　(3)C　(4)A　(5)C　(6)C　(7)D
阅读2　(1)×　(2)√　(3)×
阅读3　(1)273　(2)19　(3)33　(4)56　(5)66　(6)250　(7)373　(8)370　(9)4
阅读4　(1)×　(2)√　(3)√　(4)√　(5)×

第二课

阅读2　(1)C　(2)D　(3)D　(4)B
阅读3　(1)√　(2)√　(3)×　(4)×　(5)×　(6)√

第三课

阅读1　(1)C　(2)A　(3)D　(4)B　(5)B
阅读2　2.(1)C　(2)A　(3)B
阅读3　(1)√　(2)×　(3)√　(4)×　(5)×　(6)×
阅读4　(1)×　(2)×　(3)√　(4)×　(5)√　(6)√　(7)√

第四课

阅读1　1.不仅表现在韩剧中的男女主角都非常帅气和漂亮,还表现在剧情和场景的布置上。
　　　　2.(1)A　(2)C　(3)A　(4)C
阅读2　(1)C　(2)D　(3)D　(4)B　(5)C　(6)D
阅读3　(1)D　(2)D　(3)A　(4)B　(5)B

第五课

阅读1　(1)×　(2)√　(3)√　(4)×
阅读2　(1)√　(2)×　(3)×　(4)√　(5)√
阅读3　(1)B　(2)D　(3)D　(4)C
阅读4　(1)×　(2)√　(3)√　(4)×　(5)×

第六课

阅读1　(1)C　(2)A　(3)A　(4)C
阅读2　(1)√　(2)×　(3)√　(4)√
阅读4　(1)D　(2)A　(3)C　(4)B　(5)A

第七课

阅读1　(1)15　(2)45　(3)44　(4)29　(5)80　(6)70　(7)56

阅读2 (1)200～271 (2)1～107 (3)479～493 (4)467～475 (5)107～200
(6)385～403 (7)271～385 (8)576～638 (9)408～435

阅读3 (1)× (2)× (3)√ (4)× (5)×

阅读4 (1)B (2)C (3)D (4)A (5)D (6)B

第八课

阅读1 (1)15 (2)12 (3)4 (4)9 (5)18 (6)14 (7)17 (8)6 (9)7

阅读2 1.(1)福娃 (2)鱼、大熊猫、藏羚羊、燕子、奥林匹克圣火 (3)贝贝、晶晶、欢
欢、迎迎、妮妮 (4)燕京
2.(1)√ (2)× (3)× (4)√

阅读3 (1)113 (2)230 (3)317 (4)94 (5)215 (6)288 (7)388 (8)205
(9)168 (10)125

阅读4 (1)√ (2)× (3)√ (4)× (5)× (6)√ (7)×

第九课

阅读1 (1)二,7 (2)一,5 (3)一,6 (4)二,3 (5)二,2 (6)二,9 (7)二,8
(8)一,4 (9)二,5

阅读2 1.(1)√ (2)× (3)√√ (4)×
2.(1)B (2)C (3)A (4)F (5)E (6)D

阅读3 (1)四,271 (2)五,342 (3)三,231 (4)三,179 (5)五,312 (6)一,17
(7)二,116

阅读4 1.(1)C (2)A (3)A (4)C (5)C (6)C

第十课

阅读1 (1)B (2)B (3)C (4)B (5)A

阅读2 1.(1)√ (2)× (3)× (4)√ (5)√ (6)√ (7)×
2.(1)D (2)A (3)C (4)A (5)C

阅读3 1.(1)× (2)× (3)× (4)√ (5)√ (6)√

第十一课

阅读1 (1)× (2)× (3)× (4)√ (5)× (6)× (7)√ (8)×

阅读2 (1)B (2)B (3)B (4)C (5)C (6)D (7)A

阅读3 (1)19.9℃ (2)春城 (3)300 (4)北方寒潮由于路途遥远和高山的阻挡,很
难对昆明有太大的影响 (5)18℃

阅读4 1.反腐→反对腐败 打假→打击假冒伪劣产品
2.人大→人民代表大会 政协→政治协商会议 两会→人民代表大会、政治协
商会议

第十二课

阅读1　1.(1)B　(2)A　(3)C　(4)D

阅读2　1.欧盟→欧洲联盟　欧钢联→欧洲钢铁工业联盟

2.中网→中国网球公开赛　美网→美国网球公开赛　法网→法国网球公开赛
网管中心→网球运动管理中心

阅读3　(1)2　(2)1　(3)5　(4)3　(5)4

第十三课

阅读1　(1)√　(2)×　(3)√　(4)√

阅读2　(1)六　(2)五　(3)三　(4)一、二

阅读3　1.(1)穷人　(2)低产者　(3)不对　(4)不对　(5)非常穷的人

阅读4　(1)D　(2)B　(3)A　(4)A　(5)C

阅读5　(1)2　(2)3　(3)3　(4)13：00　(5)11　(6)动车组　(7)5

第十四课

阅读1　(1)D　(2)B　(3)B　(4)A　(5)B　(6)C

阅读2　1.(1)×　(2)√　(3)√　(4)√　(5)×　(6)√　(7)×　(8)√

阅读3　(1)路虎揽胜4.2运动增压版　(2)42.9万　(3)61.8万　(4)2　(5)4

第十五课

阅读1　(1)B　(2)A　(3)B　(4)C　(5)D

阅读2　1.(1)C　(2)C　(3)D　(4)D

阅读3　(1)香港、澳门　(2)2001年　(3)惯性作用　(4)21%　(5)2013年
(6)2033年以后

阅读4　1.(1)×　(2)√　(3)×　(4)×　(5)√　(6)×

第十六课

阅读1　(1)燕麦　(2)陈良烈　(3)十年　(4)四万　(5)七美分

阅读2　(1)她问："你喜欢我吗？"或者说："我爱你。"　(2)一个劲儿地快速扇扇子
(3)我非常想念你　(4)把扇子扔在桌上

阅读3　(1)×　(2)√　(3)√　(4)×　(5)√

阅读4　(1)A　(2)B　(3)D　(4)C　(5)B

阅读5　2.(1)B　(2)C　(3)D　(4)C　(5)A

第十七课

阅读1　(1)天、地、人和谐统一　(2)"心智、身体、精神"和谐统一　(3)红、蓝、绿
(4)天人合一　(5)都是中国传统典型的文化元素,很有中国文化特色。它们两
者都表达了同样的意思,艺术风格也基本一致。

阅读2　(1)√　(2)×　(3)×　(4)√　(5)√　(6)×　(7)×

阅读3　1.(1)D　(2)C　(3)D　(4)B　(5)B　(6)C

阅读4 (1)B (2)A (3)C (4)D (5)A

阅读5 (1)A (2)B (3)A (4)C (5)D (6)B (7)A (8)C

第十八课

阅读1 (1)长沙东站 (2)2 (3)6∶50 (4)16 (5)7∶00 (6)15∶00

阅读2 (1)农历三至十月 (2)上午六点至九点、下午四点至七点 (3)上午十点至下午三点 (4)15℃～30℃

阅读3 (1)B (2)A (3)B (4)C

阅读4 1.(1)不允许抽烟 (2)很想抽烟 (3)形容事情很难办 (4)(行为)不合道理
2.(1)B (2)D (3)C (4)D (5)D (6)A

第十九课

阅读1 (1)信息一 (2)信息二 (3)信息三 (4)信息三 (5)信息三 (6)信息二 (7)信息一 (8)信息一

阅读3 (1)× (2)× (3)√ (4)√ (5)× (6)√

阅读4 记者，抓住，对，怎么，去世，爱她，等待，关系，然而，不是，而是

第二十课

阅读1 (1)小偷 (2)大百货公司 (3)100～150 (4)那些时刻都想偷东西的人

阅读2 (1)√ (2)× (3)√ (4)√ (5)×

阅读3 1.(1)A (2)C (3)C (4)C
2.(1)B (2)A (3)B (4)B (5)A (6)C

阅读4 2.(1)D (2)A (3)A/D (4)D (5)D

第二十一课

阅读1 (1)金牛座 (2)狮子座 (3)处女座 (4)射手座 (5)水瓶座 (6)双鱼座

阅读2 (1)意大利 (2)高不到2米、长约5米 (3)450千克 (4)330千米 (5)因为整架飞机重250千克

阅读3 2.(1)D (2)A (3)B (4)D (5)B (6)B

阅读4 (1)A (2)C (3)C (4)D (5)D (6)D (7)C

阅读5 1.(1)B (2)B (3)D (4)A (5)C (6)C (7)A

第二十二课

阅读1 (1)黄豆 (2)鸡肝 (3)虾皮 (4)黑木耳

阅读2 (1)√ (2)× (3)√ (4)× (5)√

阅读3 2.(1)√ (2)× (3)× (4)√ (5)√ (6)√

阅读4 (1)B (2)A (3)D (4)E (5)B

阅读5 2.(1)A (2)C (3)D (4)A

第二十三课

阅读1　(1)11　(2)28　(3)24　(4)42　(5)7　(6)26

阅读2　1.(1)3　(2)本科　(3)3　(4)同声传译、笔译和其他　(5)普通话、粤语
(6)150～500

阅读3　(1)有1/4的土地低于海平面　(2)土地少　(3)抽水　(4)地少人多、房屋紧张

阅读4　(1)×　(2)√　(3)×　(4)√　(5)√　(6)×

阅读5　(1)A　(2)C　(3)D　(4)D　(5)A　(6)C

第二十四课

阅读1　1.(1)福建泰宁　(2)山西张壁　(3)浙江乌镇　(4)广东石湾　(5)云南和顺
2.(1)南方　(2)自然风光

阅读2　(1)√　(2)√　(3)×　(4)×

阅读3　(1)纤维素　(2)消化、吸收　(3)有害物质　(4)青豆、青菜、水果

阅读4　2.(1)B　(2)D　(3)B　(4)D　(5)C

阅读5　(1)A　(2)B　(3)D　(4)C

第二十五课

阅读1　(1)《外国人在中国永久居留申请表》　(2)外国护照或能代替护照的证件
(3)卫生检疫部门、外国卫生医疗机构　(4)中国驻外使、领馆　(5)近期正面免冠彩色

阅读2　(1)√　(2)√　(3)√　(4)×　(5)√　(6)√　(7)√　(8)×

阅读4　(1)B　(2)A　(3)B　(4)B　(5)D　(6)D　(7)B

第二十六课

阅读1　(1)16世纪的印第安人　(2)8厘米　(3)摄影师阿方索·马尔古埃　(4)40倍显微镜　(5)12

阅读2　(1)B　(2)A　(3)B

阅读3　1.(1)√　(2)×　(3)×　(4)×
2.(1)C　(2)A　(3)D　(4)D　(5)D　(6)A

阅读4　(1)B　(2)A　(3)A　(4)D　(5)C

第二十七课

阅读1　(1)苹果　(2)移动电话、iPod、因特网　(3)200万　(4)音乐、有声书籍、音频播客、视频播客、音乐视频、电视节目、电影

阅读2　2.(1)登广告　(2)15　(3)28　(4)1000多　(5)精神

阅读3　却,那么,虽然……可是……,对于……来说,从,越……越……,因为

阅读4　(1)B　(2)B　(3)D　(4)B　(5)D

第二十八课

阅读1　(1)史妲尔·雷蒙和她的三个女儿　(2)4月8日　(3)不多　(4)没有

阅读2　(1)C　(2)B　(3)D　(4)D　(5)D

阅读3　1.(1)D　(2)B　(3)C　(4)C　(5)A　(6)D　(7)B

阅读4　(1)D　(2)D　(3)D　(4)A　(5)D　(6)B

第二十九课

阅读1　(1)三百　(2)空气　(3)天竺葵　(4)菊花　(5)香囊

阅读2　1.(1)D　(2)A　(3)B

阅读3　1.(1)√　(2)×　(3)×　(4)×　(5)√

　　　　2.(1)C　(2)A　(3)D　(4)C

阅读4　1.(1)A　(2)B　(3)C　(4)B/D

第三十课

阅读1　(1)高山、平原　(2)马里亚纳海沟　(3)大型藻类植物　(4)村庄

阅读2　(1)D　(2)C　(3)A　(4)A　(5)D

阅读3　1.(1)B　(2)B　(3)B

阅读4　(1)D　(2)C　(3)D　(4)D　(5)C　(6)C　(7)B

词汇总表

A

癌	ái	(名)	26
爱惜	àixī	(动)	16
鞍马	ānmǎ	(名)	17
傲慢	àomàn	(形)	21

B

包	bāo	(动)	10
保存	bǎocún	(动)	3
报答	bàodá	(动)	25
暴雨	bàoyǔ	(名)	18
悲剧	bēijù	(名)	25
悲痛	bēitòng	(形)	17
背景	bèijǐng	(名)	9
鼻涕	bítì	(名)	27
毕生	bìshēng	(名)	6
贬值	biǎnzhí	(动)	25
辫子	biànzi	(名)	8
标本	biāoběn	(名)	3
病菌	bìngjūn	(名)	29
钵子	bōzi	(名)	16
补品	bǔpǐn	(名)	22
不料	búliào	(动)	3
不知不觉	bùzhī-bùjué		22

C

残奥会	Cán'àohuì	(名)	17
嘈杂	cáozá	(形)	20
测量	cèliáng	(动)	5
差距	chājù	(名)	13
查询	cháxún	(动)	1
长寿	chángshòu	(形)	19
称谓	chēngwèi	(名)	15
成就	chéngjiù	(名)	1
成熟	chéngshú	(形)	15
赤道	chìdào	(名)	2
充气	chōngqì		6
崇拜	chóngbài	(动)	8
宠物	chǒngwù	(名)	8
出嫁	chūjià	(动)	26
出人意料	chūrényìliào		11
传动	chuándòng	(动)	6
传教士	chuánjiàoshì	(名)	2
创办	chuàngbàn	(动)	19
慈悲	cíbēi	(形)	5
慈善	císhàn	(名)	19

D

大路货	dàlùhuò	(名)	13
道德	dàodé	(名)	8
底价	dǐjià	(名)	5
地位	dìwèi	(名)	13
地质	dìzhì	(名)	24
颠倒	diāndǎo	(动)	1
典籍	diǎnjí	(名)	22
殿	diàn	(名)	21
吊销	diàoxiāo	(动)	6
顶	dǐng	(动)	27
定义	dìngyì	(动)	2
东拉西扯	dōnglā-xīchě		21
动不动	dòngbudòng	(副)	20
洞房	dòngfáng	(名)	3
毒	dú	(名)	22
短缺	duǎnquē	(形)	5

F

发行	fāxíng	（动）	29
发芽	fāyá	（动）	14
发源地	fāyuándì	（名）	24
法案	fǎ'àn	（名）	18
贩毒	fàndú	（动）	16
方言	fāngyán	（名）	9
防伪线	fángwěixiàn	（名）	1
防御	fángyù	（动）	23
坊	fáng	（名）	17
肥沃	féiwò	（形）	23
分享	fēnxiǎng	（动）	27
风车	fēngchē	（名）	23
风度翩翩	fēngdùpiānpiān		4
讽刺	fěngcì	（动）	25
缝隙	fèngxì	（名）	30
服用	fúyòng	（动）	26
浮游生物	fúyóu shēngwù		24
富贵	fùguì	（形）	10

G

钙	gài	（名）	22
概况	gàikuàng	（名）	9
高尚	gāoshàng	（形）	25
告辞	gàocí	（动）	17
告诫	gàojiè	（动）	5
个性	gèxìng	（名）	9
各得其所	gèdéqísuǒ		20
根据	gēnjù	（名）	2
公交枢纽站	gōngjiāo shūniǔzhàn		19
公爵	gōngjué	（名）	22
公开	gōngkāi	（动）	29
功率	gōnglǜ	（名）	21
攻读	gōngdú	（动）	24
供	gōng	（动）	30
供不应求	gōngbúyìngqiú		29
宫廷	gōngtíng	（名）	13

沟	gōu	（名）	14
孤立	gūlì	（形）	9
关注	guānzhù	（动）	15
观感	guāngǎn	（名）	9
棺材	guāncai	（名）	27
惯性	guànxìng	（名）	15
灌溉	guàngài	（动）	5
光秃秃	guāngtūtū	（形）	27
广泛	guǎngfàn	（形）	29
规范	guīfàn	（形）	6

H

海拔	hǎibá	（名）	2
海沟	hǎigōu	（名）	30
海鲜	hǎixiān	（名）	15
海啸	hǎixiào	（名）	13
害羞	hàixiū	（形）	7
含	hán	（动）	22
寒潮	háncháo	（名）	11
寒暄	hánxuān	（动）	10
航班	hángbān	（名）	7
毫克	háokè	（量）	26
合拢	hélǒng	（动）	15
和睦	hémù	（形）	20
和亲	héqīn	（动）	15
烘托	hōngtuō	（动）	23
和	hú	（动）	17
胡萝卜素	húluóbosù	（名）	26
华丽	huálì	（形）	6
化纤	huàxiān	（名）	22
怀孕	huáiyùn	（动）	28
患	huàn	（动）	5
恍惚	huǎnghū	（形）	6
辉煌	huīhuáng	（形）	1
毁	huǐ	（动）	25
会徽	huìhuī	（名）	17
绘画	huìhuà	（动）	7
活跃	huóyuè	（形）	18
火箭	huǒjiàn	（名）	15
火药	huǒyào	（名）	1

241

J

机构	jīgòu	(名)	7
积聚	jījù	(动)	22
吉利	jílì	(形)	10
吉祥	jíxiáng	(形)	3
急救	jíjiù	(动)	1
急剧	jíjù	(形)	11
棘手	jíshǒu	(形)	18
计较	jìjiào	(动)	10
加剧	jiājù	(动)	5
家常	jiācháng	(名)	12
家喻户晓	jiāyù-hùxiǎo		13
价廉物美	jiàlián-wùměi		17
驾驶执照	jiàshǐ zhízhào		6
检疫	jiǎnyì	(动)	25
简化字	jiǎnhuàzì	(名)	6
讲求	jiǎngqiú	(动)	4
讲义	jiǎngyì	(名)	6
娇惯	jiāoguàn	(动)	10
脚踏板	jiǎotàbǎn	(名)	6
搅动	jiǎodòng	(动)	15
较真	jiàozhēn	(形)	6
教堂	jiàotáng	(名)	26
节奏	jiézòu	(名)	17
金榜	jīnbǎng	(名)	22
金额	jīn'é	(名)	1
紧急	jǐnjí	(形)	1
经纪	jīngjì	(名)	24
经历	jīnglì	(名)	29
警告	jǐnggào	(动)	20
净化	jìnghuà	(动)	14
纠正	jiūzhèng	(动)	16
居留	jūliú	(动)	25
局部	júbù	(名)	15
巨型	jùxíng		16
据理力争	jùlǐlìzhēng		17
聚	jù	(动)	24
均衡	jūnhéng	(形)	24

K

开朗	kāilǎng	(形)	7
开幕	kāimù	(动)	13
康复	kāngfù	(动)	12
考究	kǎojiu	(形)	15
科举	kējǔ	(名)	22
口干舌燥	kǒugān-shézào	(形)	21
口号	kǒuhào	(名)	17
窟窿	kūlong	(名)	11
夸张	kuāzhāng	(形)	17
宽带	kuāndài	(名)	19
亏本	kuīběn	(动)	26

L

来源	láiyuán	(名)	17
狼藉	lángjí	(形)	28
老成	lǎochéng	(形)	30
离异	líyì	(动)	12
礼仪	lǐyí	(名)	9
理智	lǐzhì	(名)	21
立宪	lìxiàn		9
利大于弊	lìdàyúbì		18
链条	liàntiáo	(名)	6
列表	lièbiǎo		27
灵感	línggǎn	(名)	21
浏览	liúlǎn	(动)	27
硫化物	liúhuàwù	(名)	24
聋哑人	lóngyǎrén		5
陆地	lùdì	(名)	23
率	lǜ		22
螺	luó	(名)	10
裸体	luǒtǐ	(动)	26

M

麻将	májiàng	(名)	17
麻子	mázi	(名)	17
埋怨	mányuàn	(动)	28
蛮横	mánhèng	(形)	10

冒犯	màofàn	（动）	10
美钞	měichāo	（名）	1
迷	mí	（名）	27
迷恋	míliàn	（动）	2
迷路	mílù		8
觅	mì	（动）	12
免冠	miǎnguān	（动）	25
面临	miànlín	（动）	5
民航	mínháng	（名）	7
模特儿	mótèr	（名）	27
磨难	mónàn	（名）	20
目睹	mùdǔ	（动）	12

N

闹剧	nàojù	（名）	20
闹情绪	nào qíngxù		20
内向	nèixiàng	（形）	23
能歌善舞	nénggē-shànwǔ		15
尼龙	nílóng	（名）	22
拟	nǐ	（动）	18

O

偶像	ǒuxiàng	（名）	8

P

拍卖	pāimài	（动）	5
盘膝而坐	pánxī'érzuò		5
抛下	pāoxià	（动）	24
烹调	pēngtiáo	（动）	8
癖好	pǐhào	（名）	18
翩翩	piānpiān	（形）	21
品	pǐn	（动）	10
平衡	pínghéng	（形）	21
普查	pǔchá	（动）	15

Q

奇迹	qíjì	（名）	24
奇妙	qímiào	（形）	21
祈祷	qídǎo	（动）	26
启动	qǐdòng	（动）	30
启示	qǐshì	（名）	18
启事	qǐshì	（名）	12
迁徙	qiānxǐ	（动）	9
签发	qiānfā	（动）	25
虔诚	qiánchéng	（形）	28
潜	qián	（动）	21
侵扰	qīnrǎo	（动）	23
擒拿	qínná	（动）	30
清扫	qīngsǎo	（动）	21
情绪	qíngxù	（名）	20
驱邪	qūxié	（动）	3
权威	quánwēi	（形）	11
权益	quányì	（名）	17

R

忍俊不禁	rěnjùnbùjīn		18
认证	rènzhèng	（动）	25
荣誉感	róngyùgǎn	（名）	11
溶	róng	（动）	24
熔点	róngdiǎn	（名）	22
融合	rónghé	（动）	9
融汇	rónghuì	（动）	29
入境	rùjìng	（动）	8

S

撒娇	sājiāo	（动）	26
塞外	sàiwài	（名）	14
丧偶	sàng'ǒu	（动）	12
社交	shèjiāo	（名）	9
射线	shèxiàn	（名）	22
深邃莫测	shēnsuìmòcè		30
神经	shénjīng	（名）	19
神奇	shénqí	（形）	15
神往	shénwǎng	（动）	30
生态	shēngtài	（名）	21
圣	shèng	（形）	21
盛极一时	shèngjíyìshí		10
失物	shīwù	（名）	8

十全十美	shíquán-shíměi		4
实心	shíxīn	（形）	6
食不厌精	shíbúyànjīng		24
释放	shìfàng	（动）	16
手持	shǒuchí	（动）	27
授予	shòuyǔ	（动）	6
梳	shū	（动）	8
水印	shuǐyìn	（名）	1
饲料	sìliào	（名）	5
饲养	sìyǎng	（动）	8
送葬	sòngzàng	（动）	27
肃然起敬	sùránqǐjìng		14
素质	sùzhì	（名）	30

T

贪婪	tānlán	（形）	5
逃亡	táowáng	（动）	23
陶瓷	táocí	（名）	24
特意	tèyì	（副）	28
体积	tǐjī	（名）	16
天长地久	tiāncháng-dìjiǔ		16
天文学	tiānwénxué	（名）	1
调皮	tiáopí	（形）	10
停泊	tíngbó	（动）	23
挺	tǐng	（动）	20
统计	tǒngjì	（动）	15
投诉	tóusù	（动）	6
透彻	tòuchè	（形）	6
团体	tuántǐ	（名）	1
驮	tuó	（动）	14

W

歪歪扭扭	wāiwāiniǔniǔ	（形）	11
危害	wēihài	（动）	22
唯美	wéiměi	（形）	4
维生素	wéishēngsù	（名）	22
萎缩	wěisuō	（动）	19
温文尔雅	wēnwén'ěryǎ		21
温馨	wēnxīn	（形）	21

文明	wénmíng	（形）	29
蚊帐	wénzhàng	（名）	30
无微不至	wúwēibúzhì		30
无中生有	wúzhōngshēngyǒu		2
舞伴	wǔbàn	（名）	21

X

吸湿	xīshī		22
喜庆	xǐqìng	（形）	3
戏班子	xìbānzi	（名）	17
戏弄	xìnòng	（动）	21
狭隘	xiá'ài	（形）	25
下巴	xiàba	（名）	16
仙境	xiānjìng	（名）	14
显达	xiǎndá	（形）	10
显微镜	xiǎnwēijìng	（名）	26
蚬	xiǎn	（名）	10
现役军人	xiànyì jūnrén		15
羡慕	xiànmù	（动）	21
祥和	xiánghé	（形）	5
享受	xiǎngshòu	（动）	4
想象	xiǎngxiàng	（动）	29
向往	xiàngwǎng	（动）	2
消化	xiāohuà	（动）	24
消遣	xiāoqiǎn		4
销售	xiāoshòu	（动）	16
孝敬	xiàojìng	（动）	12
孝顺	xiàoshùn	（动）	19
肖像	xiàoxiàng	（名）	6
效率	xiàolǜ	（名）	4
携带	xiédài	（动）	21
新奇	xīnqí	（形）	27
信誉	xìnyù	（名）	17
兴旺	xīngwàng	（形）	3
幸灾乐祸	xìngzāi-lèhuò		6
性能	xìngnéng	（名）	21
性状	xìngzhuàng	（名）	22
凶神	xiōngshén	（名）	28
嗅	xiù	（动）	24
虚弱	xūruò	（形）	22

宣扬	xuānyáng	（动）	15
血压	xuèyā	（名）	5
驯服	xùnfú	（动）	29
迅猛	xùnměng	（形）	25

Y

压力	yālì	（名）	24
亚裔	yàyì	（名）	26
言谈举止	yántánjǔzhǐ		11
演奏	yǎnzòu	（动）	20
宴请	yànqǐng	（动）	23
燕麦	yànmài	（名）	16
要素	yàosù	（名）	9
野心	yěxīn	（名）	5
一个劲儿	yígejìnr	（副）	16
一霎时	yíshàshí	（名）	20
一塌糊涂	yítàhútú		16
遗产	yíchǎn	（名）	14
遗址	yízhǐ	（名）	30
意识	yìshi	（动）	10
毅然	yìrán	（形）	22
引起	yǐnqǐ	（动）	22
英俊	yīngjùn	（形）	8
营利	yínglì	（动）	6
营养素	yíngyǎngsù	（名）	24
优惠	yōuhuì	（形）	19
悠闲	yōuxián	（形）	4
游牧	yóumù	（动）	23
有助于	yǒuzhùyú		29
诱惑	yòuhuò	（动）	25
娱乐	yúlè	（名）	9
与众不同	yǔzhòngbùtóng		16
宇宙飞船	yǔzhòu fēichuán		29
郁郁葱葱	yùyùcōngcōng	（形）	21
原始	yuánshǐ	（形）	14
缘故	yuángù	（名）	29
晕车	yūnchē	（动）	21

Z

在乎	zàihu	（动）	28
噪音	zàoyīn	（名）	25
寨	zhài	（名）	14
占领	zhànlǐng	（动）	9
遮	zhē	（动）	16
折叠	zhédié	（动）	6
珍惜	zhēnxī	（动）	28
征婚	zhēnghūn	（动）	12
症状	zhèngzhuàng	（名）	20
支	zhī	（动）	16
指南针	zhǐnánzhēn	（名）	1
制剂	zhìjì	（名）	26
质朴	zhìpǔ	（形）	28
治疗	zhìliáo	（动）	28
致富	zhìfù	（动）	10
智力	zhìlì	（名）	16
中毒	zhòngdú	（动）	22
皱	zhòu	（动）	22
主办权	zhǔbànquán	（名）	13
主导	zhǔdǎo	（动）	13
瞩目	zhǔmù	（动）	29
转让	zhuǎnràng	（动）	26
姿势	zīshì	（名）	21
自卑	zìbēi	（形）	7
自豪	zìháo	（形）	26
自律	zìlǜ	（动）	11
自如	zìrú	（形）	29
阻挡	zǔdǎng	（动）	11

修订后记

本书从 1999 年初版至今,已经整整 10 年了。在北京大学出版社的大力推动和全力支持下,我们终于完成了这次较大规模的修订。

本书保留了原来的整体架构以及大部分的阅读语篇:周小兵负责总体设计、全书的统阅修正及Ⅱ册 44~47 课、50~55 课、58、59 课的编写;张世涛协助总体设计及Ⅰ册 1~15 课的编写;Ⅰ册 16~30 课由刘若云编写;Ⅱ册 31~43 课、48~49 课、56、57、60 课由徐霄鹰编写。

在此基础上,本次修订增加了技能部分的热身活动,大幅改写了技能讲解,并对技能练习进行了补充;替换了近 40% 的阅读语篇,并修订了一些阅读语篇后的练习题题干和选项。

本次修订的总体设计由丛书总主编周小兵教授负责;徐霄鹰负责技能讲解、练习的修改和增补,热身活动的总体设计以及全书的统阅;刘若云负责设计部分课文的热身活动;张丽、禤文辉和刘娅莉负责选择新语料并将其处理为阅读篇章,还包括部分课文的热身活动设计。

另外,图书室资料员刘亚甜负责与所选文章作者的联系工作;彭绮文、施爱东、李红雨等作者为我们提供其作品作为语料。

北京大学的刘德联老师在百忙中抽出时间审阅我们的修订稿,并提出了宝贵的意见;北京大学出版社吕幼筠老师对本书的修订给予了直接的帮助。在此,我们表示衷心的感谢。

联系方式:yingsbox@tom.com

在此竭诚欢迎来自各地的交流和信息反馈。

编　者
2008 年 12 月

声　明

对于本教材所使用的受著作权保护的材料,尽管本社已经尽了合理的努力去获得使用许可,但由于缺少某些著作权人的具体联系方式,仍有个别材料未能获得著作权人的许可。为满足课堂教学之急需,我们在个别材料未获得许可的情况下出版了本教材,并按照国家相关标准将稿酬先行列支。对此我们深表歉意,并请各位著作权人在看到本教材及本声明后尽快与我们联系,我们将立即奉上稿酬及样书。

联系人:吕幼筠
邮箱:lvyoujun99@yahoo.com.cn
地址:北京市海淀区成府路205号北京大学汉语编辑部
邮编:100871
电话:010－62752028